LOS**PRIMEROS**100**ACORDES** PARA**GUITARRA**

Cómo aprender y tocar acordes de guitarra para principiantes

JOSEPH**ALEXANDER**

FUNDAMENTAL**CHANGES**

Guitarra: Los primeros 100 acordes para guitarra

Cómo aprender y tocar acordes de guitarra para principiantes

ISBN: 978-1-78933-002-1

Publicado por **www.fundamental-changes.com**

Derechos de autor © 2018 Joseph Alexander

Traducido por: E. Gustavo Bustos

www.fundamental-changes.com

Twitter: @guitar_joseph

Más de 10,000 seguidores en Facebook: FundamentalChangesInGuitar

Instagram: FundamentalChanges

Para obtener más de 250 lecciones de guitarra gratuitas con video visita

www.fundamental-changes.com

Derechos de autor de la imagen de portada: _EG_ / Brian A Jackson

Contenido

Obtén el audio   4

Introducción   5

Cómo leer diagramas de acordes   7

Capítulo 1: Acordes de posición abierta   8

Capítulo 2: Acordes abiertos de 7ma dominante   15

Capítulo 3: Acordes con cejilla   19

Capítulo 4: Un poco de teoría musical (no intimidante)   28

Capítulo 5: Más acordes de posición abierta   36

Capítulo 6: Más acordes con cejilla   43

Capítulo 7: Movimientos de notas graves   47

Capítulo 8: Voicings básicos de piano   49

Capítulo 9: Cejillas en la 4ta cuerda   52

Capítulo 10: Extensiones diatónicas de acordes de 7ma dominante   56

Capítulo 11: Alteraciones cromáticas a los acordes dominantes   63

Capítulo 12: Cómo practicar   69

Capítulo 13: Agregando el ritmo   73

Conclusión e instrucciones para la práctica   81

¡Obtén un libro gratis!   83

Otros de los libros de guitarra más vendidos de Fundamental Changes   84

Obtén el audio

Los archivos de audio de este libro se pueden descargar de forma gratuita en www.fundamental-changes. com. El enlace se encuentra en la esquina superior derecha. Sólo tienes que seleccionar el título de este libro en el menú desplegable y seguir las instrucciones para obtener el audio.

Recomendamos que primero descargues los archivos directamente a tu computador, no a tu tableta, y extraerlos allí antes de añadirlos a tu biblioteca multimedia. Luego, ya puedes ponerlos en tu tableta, iPod o grabarlos en un CD. En la página de descarga hay un archivo de ayuda en PDF y también ofrecemos soporte técnico a través del formulario en la página de descargas.

Kindle / eReaders

Para sacarle el mayor provecho a este libro, recuerda que puedes pulsar dos veces sobre cualquier imagen para verla más grande. Apaga la "visualización en columnas" y mantén tu Kindle en modo horizontal.

Para obtener más de 250 lecciones de guitarra gratuitas con video visita:

www.fundamental-changes.com

Twitter: **@guitar_joseph**

Más de 10,000 seguidores en Facebook: **FundamentalChangesInGuitar**

Instagram: **FundamentalChanges**

Obtén tu audio gratis ahora:

Hará que el libro cobre vida, ¡y aprenderás mucho más!

www.fundamental-changes.com/download-audio

Introducción

Los primeros acordes que aprendas en la guitarra pueden llevarte algo de tiempo. No solo estás aprendiendo a usar los dedos de una manera completamente nueva, sino que también debes aprender algunos movimientos complejos de los músculos y comprometerlos con la memoria subconsciente. Si eres músico o has jugado algún deporte, es posible que hayas escuchado el término "memoria muscular".

La memoria muscular es el término para algo que está tan automatizado que ya no tenemos que pensar en ello. Caminar, andar en bicicleta, tirar una pelota y nadar son ejemplos de procesos en los que necesitamos desarrollar memoria muscular para hacerlos bien. Todos son procesos *aprendidos* que te pueden haber tomado algo de tiempo para desarrollarlos (probablemente cuando eras muy joven), pero una vez que los conoces, los movimientos llegan a una parte muy profunda de tu cerebro y no necesitas pensar activamente en ellos para hacerlos funcionar.

De hecho, si trataras de pensar en la secuencia exacta de músculos que necesitas activar para caminar, ¡nunca llegarías a ningún lado!

Aprender a caminar probablemente te tomó un par de meses, pero ahora probablemente nunca pienses en tener que hacerlo en absoluto. Recuerda este hecho mientras das tus primeros pasos en la guitarra. Para muchas personas, tocar acordes no es una habilidad instantánea y pasará un tiempo antes de que sus movimientos precisos tengan memoria muscular. Para poner los acordes firmemente en la memoria muscular tenemos que hacer un poco de práctica estructurada (¡pero divertida!), en la cual entrenamos nuestros cerebros para formar exactamente cada acorde y cómo pasar de un acorde a otro.

Los acordes deben estar engranados en nuestra memoria muscular porque no tenemos mucho tiempo para formarlos, o cambiar entre ellos cuando tocamos canciones. Si cambiamos demasiado despacio habrá un gran vacío en el ritmo y el flujo de la canción. Para usar una analogía deportiva de nuevo, imagina qué pasaría si tuvieras que pensar en bloquear cada vez que alguien lanzara un golpe en un combate de boxeo. Necesitamos desarrollar los acordes hasta el punto en que se conviertan en una reacción refleja.

Desarrollar esta habilidad no es tan difícil como parece ... Simplemente requiere un poco de compromiso, práctica constante y un enfoque estructurado para el aprendizaje. Como adultos, a veces no nos gusta aprender cosas nuevas. Es fácil sentir que el aprendizaje terminó cuando dejamos la escuela o la universidad, por lo que a veces podemos evitar nuevos desafíos o experiencias. La música, sin embargo, es un hábito realmente divertido. Los resultados pueden ser rápidos y sin esfuerzo, o a veces lentos y desafiantes. De cualquier manera, el resultado final, tocar música, es una de las experiencias más gratificantes que puedas tener.

Si quieres utilizar este libro como referencia, puedes sumergirte ahora mismo. Sin embargo, en los últimos capítulos he incluido algunos consejos realmente útiles sobre cómo practicar eficientemente, desarrollar algunos buenos hábitos para tocar que se quedarán contigo de por vida, y pasar de aprender acordes a tocar canciones al agregar ritmo. Estas secciones te enseñarán a aprender y memorizar acordes más rápidamente, te harán un mejor músico y te ayudarán a desarrollar un enfoque más saludable de la guitarra.

Dos preguntas que los profesores de guitarra reciben regularmente son:

¿Cuánto tiempo *tomará aprender a tocar la guitarra?*

Y,

¿Cuántos acordes hay?

Ambas son bastante difíciles de responder.

La primera es difícil de responder porque tiene muchas variables. Por ejemplo, ¿cuánto practicarás? ¿Te enfocarás en las cosas correctas? *¿Cómo* vas a practicar? ¿Cómo defines "poder tocar la guitarra"? - ¿Solo quieres tocar algunos acordes alrededor de una fogata o tu objetivo es convertirte en el próximo Eddie Van Halen?

Con todas estas variables y más, es casi imposible dar una respuesta concreta o un tiempo aproximado. Pero, si practicas durante unos veinte minutos todos los días, practicas de manera eficiente y pretendes tocar música pop basada en acordes, normalmente toma unos meses para llegar a ser competente.

En cuanto a la segunda pregunta, la respuesta es simplemente "muchos, pero como guitarrista probablemente utilizarás relativamente pocos". Afortunadamente para nosotros, una vez que hayas aprendido algunos acordes "abiertos" y algunos acordes de "cejilla", puedes tocar prácticamente cualquier acorde o canción en la guitarra.

Comencemos y veamos los acordes de *posición abierta* que tenemos disponibles. Si eres principiante, te recomiendo que trabajes el Capítulo 1 junto con la sección "Cómo practicar" al final del libro.

¡Una nota final!

POR FAVOR descarga y escucha el audio junto con cada ejemplo. Realmente te ayudará a desarrollarte como intérprete. Lleva mucho más tiempo alcanzar una meta si no sabes cómo se ve (o suena) esa meta.

Obtén los ejemplos de audio en **www.fundamental-changes.com** y sigue las instrucciones. La pestaña Descargar audio (Download Audio) está en la parte superior derecha.

Cómo leer diagramas de acordes

Las siguientes imágenes muestran cómo se relaciona la notación escrita de un diagrama de acordes con dónde colocar los dedos en el diapasón de una guitarra para tocar un acorde. Presta especial atención a qué cuerdas se tocan y qué dedos se usan.

El primer diagrama muestra las notas en cada una de las cuerdas abiertas de la guitarra.

El segundo diagrama muestra cómo enumerar los dedos de la mano del diapasón. Si eres zurdo, los mismos números se aplican a tu mano derecha

El tercer diagrama muestra la forma estándar de notación de los acordes en *cuadrículas* de acordes. Cada punto representa dónde colocas un dedo.

El último diagrama muestra cómo se relaciona la notación con dónde colocar los dedos en el diapasón.

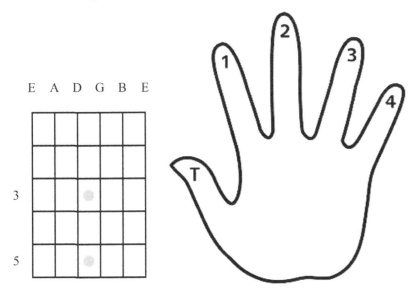

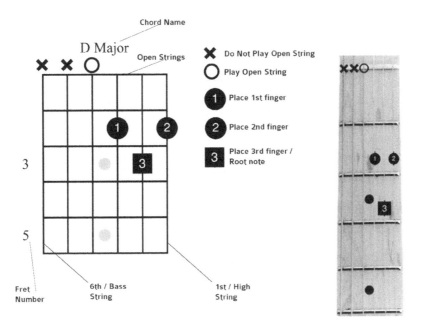

Capítulo 1: Acordes de posición abierta

Los acordes de *posición abierta* son normalmente los primeros acordes que la gente aprende en la guitarra. Se llaman acordes de "posición abierta" porque a menudo usan cuerdas abiertas como notas dentro del acorde. Como verás más adelante, hay muchos acordes que no usan cuerdas abiertas.

Los acordes de posición abierta se pueden usar para tocar la mayoría de las canciones que escuchas en la radio (¡dependiendo de tu gusto musical!). Son geniales para usar mientras se escriben canciones, ya que son relativamente fáciles de tocar y proporcionan una armonía con un sonido "lleno" para acompañar las voces u otros instrumentos.

No todos los acordes son fácilmente accesibles en la posición abierta, pero las canciones escritas por los guitarristas normalmente se encuentran en "tonalidades fáciles de guitarra", de modo que encontrarás que los acordes de este capítulo cubren la mayoría de las situaciones.

El primer acorde que le enseño a mis alumnos normalmente es E menor, o "Em" para abreviar. Se ve así en el diagrama de acorde:

Ejemplo 1a:

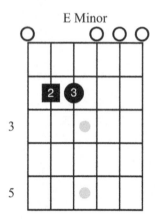

La fundamental del acorde de E menor es la nota "E" y se toca en la cuerda abierta más baja (la cuerda de bajo más gruesa). Mira cómo se relaciona el diagrama de arriba con la imagen del diapasón de la página anterior.

Coloca tu segundo dedo en el segundo traste de la 5ta cuerda, y luego coloca tu tercer dedo en el segundo traste de la 4ta cuerda, justo en seguida.

Asegúrate de usar los dedos correctos; es tentador usar el primero y el segundo dedo, pero estos se necesitarán un poco más tarde. Consulta el diagrama de la mano en la página anterior si no estás seguro.

Ahora ve a la sección **Cómo practicar** y trabaja en el primer conjunto de ejercicios para aprender nuevos acordes. Aplica esos pasos al acorde Em.

Aprendamos nuestro segundo acorde: A menor, o Am.

Am se toca así.

Ejemplo 1b:

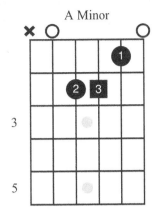

Observa que hay una "x" en la cuerda inferior de la guitarra, así que *no* la toques. Rasguea la guitarra desde la 5ta cuerda hacia abajo.

Compara las notas y la digitación de Am con Em. ¿Puedes ver que los dedos segundo y tercero se mueven a través de una cuerda como una sola unidad y luego se agrega el primer dedo a la segunda cuerda?

Completa los pasos en la sección **Cómo practicar** y trabaja con un metrónomo hasta la velocidad objetivo.

Una nota rápida sobre tu pulgar

El pulgar de la mano del diapasón debe colocarse en la parte posterior del diapasón, aproximadamente en línea con los dedos, pero no necesariamente detrás de ellos. Esta colocación no es una ciencia exacta, pero el pulgar proporciona soporte contra el cual apretar los dedos del diapasón. A veces, el pulgar puede estar más cerca de la cabeza de la guitarra que los dedos y normalmente encontrará una posición ligeramente diferente para cada acorde. Siempre que la mano esté cómoda y cada nota suene claramente, esta bien.

Sin embargo, ten en cuenta que si recién comienzas a tocar la guitarra, es probable que tengas una tendencia a apretar demasiado el diapasón cuando toques los acordes. Experimenta con la menor presión posible que puedas usar para tocar el acorde de forma limpia. Digita el acorde y asegúrate de que al rasguear suenen todas las notas. Luego, simplemente relaja la presión de tu mano gradualmente para encontrar la presión mínima necesaria para que el acorde suene.

Cuando te sientas seguro tocando Em y Am por separado, sigue los pasos de la sección **Aprender acordes en contexto** de la capítulo **Cómo practicar**, y aprende a combinar los dos acordes como una pieza musical corta.

A continuación, agrega rasgueo a la progresión de acordes usando los pasos del Capítulo 13.

Presta atención a cualquier zumbido y notas silenciadas al tocar cada acorde y trata de minimizarlos tanto como sea posible.

El siguiente acorde a aprender es C mayor. Ten en cuenta que tiene dos notas digitadas en común con Am. Todo lo que tienes que hacer para pasar de Am a C mayor es quitar tu tercer dedo de la 3ra cuerda y ponerlo en el 3er traste en la 5ta cuerda. Tendrás que estirarte un poco al principio, pero ajusta la posición del pulgar en la parte posterior del diapasón, y pronto encontrarás una manera cómoda de tocar el acorde. Comienza el rasgueo desde la quinta cuerda y evita la sexta.

Ejemplo 1c:

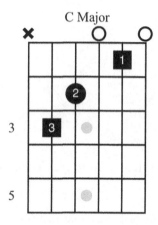

Compara los acordes de Am y C mayor para ver cuánto tienen en común. Sigue los pasos de la sección **Cómo practicar** para aprender el acorde de C mayor y luego enlázalo con el acorde de Am.

El próximo acorde para aprender es D mayor. Presta atención a la digitación y escucha la pista de audio para que puedas escuchar cómo debería sonar.

Ejemplo 1d:

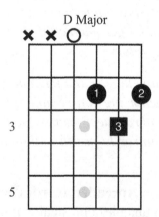

Aprende D mayor al igual que aprendiste los tres acordes anteriores. Primero, abórdalo individualmente y desarrolla tu memoria muscular, luego sigue los pasos para combinarlo con otro acorde. Recomiendo que lo combines con Em para empezar.

G mayor es un poco más difícil porque usa los cuatro dedos. Escucha el audio y practica tratando de imitar el sonido que escuchas. No olvides prestar atención a los zumbidos o notas silenciadas que generes.

Ejemplo 1e:

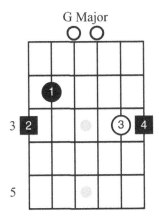

La nota blanca es opcional. Si decides no tocarla, está bien, pero es bueno saber que es una opción.

Sigue los pasos para incorporar este acorde a tu vocabulario. Recomiendo que emparejes G mayor con Em por ahora. G mayor es un acorde desafiante y Em es menos difícil. Si realmente no puedes pasar de G mayor y Em manteniendo el ritmo, simplemente rasguea las cuerdas abiertas en lugar de Em. No sonará muy bien, pero te ayudará a construir memoria muscular en el G mayor antes de volver a agregar el Em a la secuencia.

Nuestros cerebros funcionan mejor cuando se aprende información nueva en contexto, por lo que la práctica de pares de acordes nos ayuda a aprender la memoria muscular del cambio de acordes, así como el sonido, la sensación y cómo funciona en relación con otros acordes.

Los siguientes conjuntos de acordes son buenos para aprender en pares. Aprende cada uno individualmente al principio y luego utiliza los pasos de la sección **Cómo practicar** para desarrollar tu memoria muscular y fluidez a medida que los combinas. Algunos acordes nuevos se combinan con acordes que ya conoces.

Ejemplo 1f:

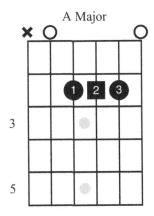 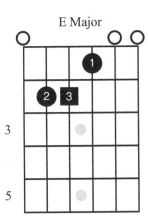

Ejemplo 1g:

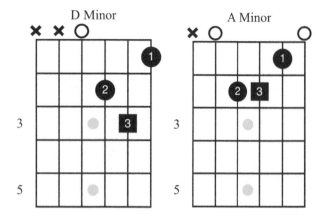

El siguiente acorde, F mayor, es un reto ya que usa una *cejilla* pequeña para tocar dos notas en el primer traste. Lograr hacer una cejilla correctamente depende de la posición del *pulgar* (¡lo creas o no!). Hasta ahora, tu pulgar ha sido colocado sobre la mitad superior del mástil y utilizado para apretar contra los dedos de los trastes. Con el acorde de F mayor, experimenta permitiendo que el pulgar se deslice hasta la mitad inferior del mástil de la guitarra. Este movimiento rotará tu muñeca ligeramente y hará que sea más fácil colocar tu primer dedo paralelo al traste para tocar la cejilla.

Aprende F mayor junto con A menor.

Ejemplo 1h:

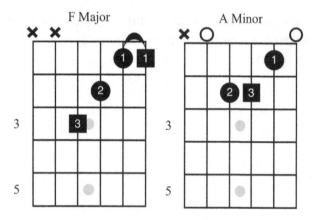

F mayor es uno de los acordes más difíciles, así que si estás teniendo dificultades, está bien tocar el acorde más fácil de F mayor 7 (FMaj7). En lugar de la cejilla, puedes tocar la primera cuerda abierta.

Ejemplo 1i:

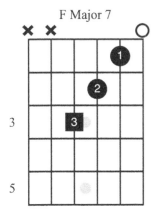

F Major 7

¡Ponte a prueba y haz algo de música!

Después de haber trabajado en los pasos de la sección **Cómo practicar**, prueba las siguientes progresiones de acordes cortas. No es necesario que conozcas todos los acordes de este capítulo antes de comenzar ... solo trabaja con lo que tienes. Agrega nuevos acordes a medida que los aprendes y se creativo con tu práctica. Algunos acordes suenan mejor juntos que otros, y la prueba y error es una excelente forma de descubrir sonidos nuevos y emocionantes.

Ejemplo 1j:

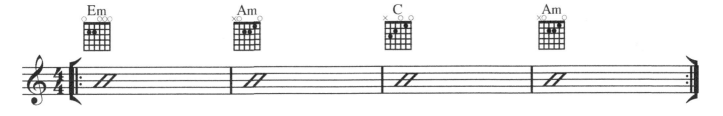

Ejemplo 1k:

Ejemplo 1l:

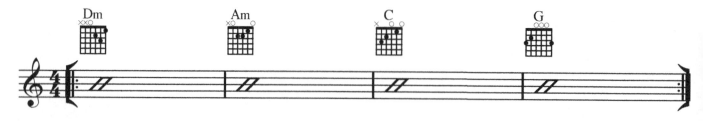

Ejemplo 1m:

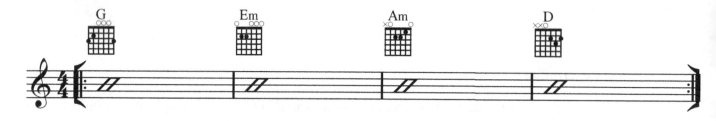

Ejemplo 1n:

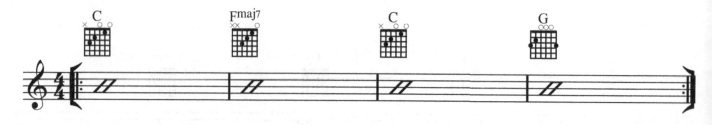

Probablemente comenzarás solo rasgueando un acorde por compás de música, pero a medida que trabajes más en la sección **Cómo practicar**, comienza a agregar más ritmos y patrones de rasgueo. Hay un desglose de cómo rasguear ritmos en la guitarra en el **Capítulo 13**.

Piensa en *cómo* tocas cada acorde ... duro o suave? Con calma o agresivo? ¿Con púa o no?

Lo más importante es escuchar atentamente lo que tocas. ¡No aceptes notas silenciadas ni zumbidos! ¡Sigue ajustando los dedos y el pulgar hasta que cada acorde suene limpio! Si es necesario, regresa a los ejercicios de memoria muscular en acordes individuales y asegúrate de colocar los dedos correctamente.

Si te duelen los dedos, toma un descanso y regresa más tarde.

¡Que te diviertas! - Estás haciendo música.

Capítulo 2: Acordes abiertos de 7ma dominante

Los acordes de esta sección se denominan acordes de *7ma dominante*. Tienen un sonido ligeramente tenso y a menudo quieren *resolver* esa tensión con otro acorde. Estos acordes ampliarán tus horizontes musicales y te enseñarán nuevos sonidos geniales.

Como siempre, aprende estos acordes de dos en dos. Combina un acorde que no conozcas con uno que sí conozcas, luego practica moviéndote entre ellos. Cada acorde nuevo se muestra con un amigo sugerido que aprendiste en el Capítulo 1.

Ejemplo 2a:

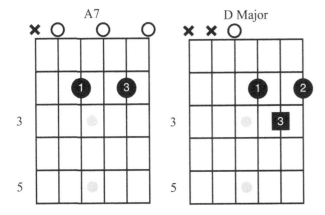

Ejemplo 2b:

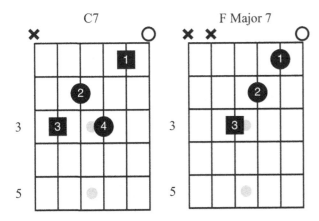

Ejemplo 2c:

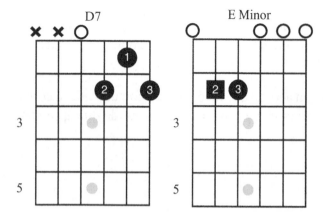

Ejemplo 2d:

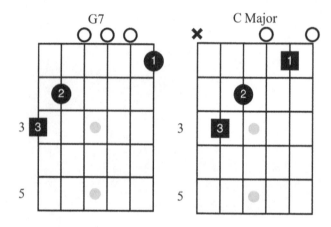

Ejemplo 2e: *En el B7, la segunda cuerda también se puede tocar al aire.*

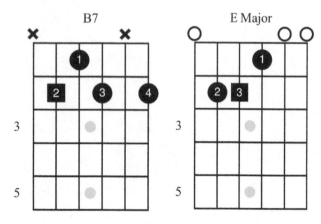

Ejemplo 2f:

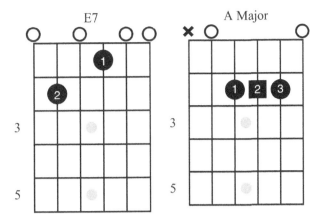

¡Ponte a prueba!

Una vez que hayas incorporado todos los acordes nuevos a tu vocabulario mediante los pasos de la sección **Cómo practicar**, trabaja para construir las siguientes progresiones de acordes cortas. Comienza rasgueando un acorde por compás y gradualmente agrega ritmos más interesantes trabajando con el **Capítulo 13.**

Ejemplo 2g:

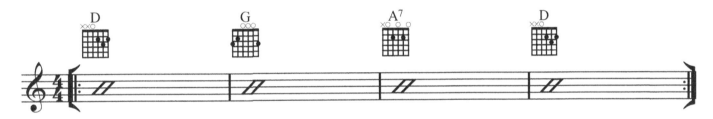

Ejemplo 2h:

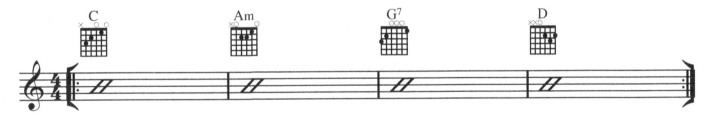

Ejemplo 2i:

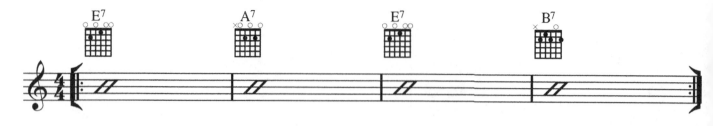

Ejemplo 2j:

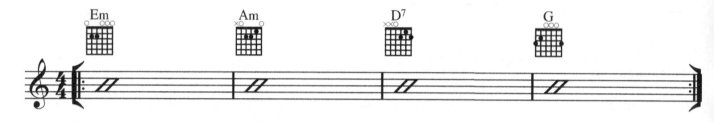

Ejemplo 2k:

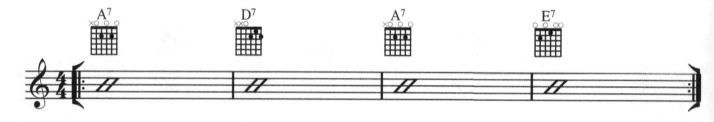

¿Cómo te va hasta ahora? Califica este libro **dando clic aquí** y obtén gratis un libro de guitarra que elijas.

Capítulo 3: Acordes con cejilla

Veremos más acordes abiertos en el Capítulo 5, pero primero aprenderemos algunos acordes esenciales con *cejilla.*

Un acorde con cejilla usa un dedo para hacer una cejilla sobre varias cuerdas. Ya viste una mini-cejilla en el Capítulo 1 en el acorde F mayor. Ahora, sin embargo, aprenderemos a usar una cejilla completa para hacer algunas formas de acordes nuevas e importantes.

Los acordes con cejilla tienen una ventaja sobre los acordes abiertos: son móviles. Es posible deslizar un acorde con cejilla arriba y abajo para tocar diferentes acordes porque los acordes con cejilla no contienen ninguna cuerda al aire.

Por ejemplo, toca un acorde E menor, luego desliza los dedos en un traste hacia arriba y toca nuevamente el acorde. Suena mal porque moviste algunas de las notas (las pulsadas) hacia arriba en el diapasón, pero las notas de las cuerdas al aire se mantuvieron igual. Si pudiéramos llevar las cuerdas al aire con nosotros cuando movemos el acorde hacia arriba por el diapasón, podríamos mantener la relación entre todas las notas igual y "no dejar notas atrás".

Los acordes con cejilla nos permiten traer las cuerdas al aire con nosotros mientras movemos formas de acordes por el diapasón.

El primer acorde con cejilla para aprender es la cejilla "menor". Compara la versión de acorde con cejilla de Bm a continuación, con el acorde de posición abierta de Em.

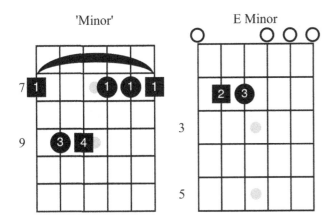

¿Puedes ver que estos dos acordes están formados de manera idéntica? La cejilla en el primer diagrama reemplaza las cuerdas al aire en el segundo diagrama de Em.

El primer acorde no ha sido nombrado, aunque cuando colocas la cejilla en el 7mo traste esto resulta ser un Bm porque la nota en el 7mo traste de la sexta cuerda es B. Pronto veremos esto con más detalle.

Por ahora, practica formando el acorde de Bm al colocar tu primer dedo sobre las cuerdas en el 7mo traste y usando tus dedos tercero y cuarto para tocar las otras notas.

Ejemplo 3a:

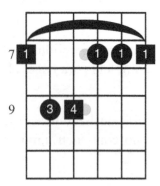

'Minor'

Tocar una cejilla es complicado al principio. Al igual que con el acorde F mayor en el Capítulo 1, una gran parte del secreto es mover el pulgar a la mitad inferior del diapasón. Sin embargo, también es importante colocar el dedo de la cejilla de *lado*, de forma que la uña del dedo *apunte hacia la cabeza de la guitarra*.

Si colocas el dedo con la uña apuntando en la misma dirección que el alambre del traste, encontrarás que las cuerdas caen en los pliegues de las articulaciones de los dedos y se silencian. Al usar el *lado huesudo* del dedo harás un mejor contacto con las cuerdas y tus acordes sonarán mucho más limpios.

Los acordes con cejilla son siempre un desafío para los principiantes, pero con un poco de perseverancia y una cierta práctica analítica, obtendrás la habilidad en poco tiempo.

Realiza los pasos de **Cómo practicar** para vincular el acorde con cejilla a la memoria muscular. ¡No te preocupes si esto te lleva días o semanas! Intenta combinarlo con un Em o con un rasgueo en cuerdas al aire para ayudarte a dominar el movimiento.

La forma que acabas de aprender es un acorde con cejilla menor con la fundamental en la *sexta* cuerda. Observa que el marcador cuadrado de la fundamental está en la cuerda más baja de la guitarra. El acorde escrito arriba es B menor porque la fundamental se ha colocado en la nota B. Si conoces los nombres de las notas en la cuerda inferior de la guitarra, puedes colocar esta forma de acorde en cualquier lugar y tocar *cualquier* acorde menor.

Aquí están las notas de la cuerda inferior de la guitarra:

Notes on the Sixth String

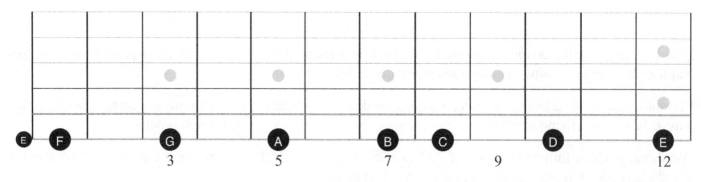

Entonces, colocando la cejilla menor en el 5to traste, crearás un acorde Am:

Ejemplo 3b:

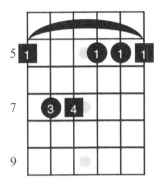

A Minor

Si colocas la forma con cejilla menor en el 10mo traste, tocarás un acorde Dm.

Ejemplo 3c:

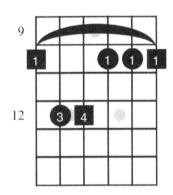

D Minor

Comprueba que estos acordes suenen de forma similar a sus versiones con cuerdas al aire tocando primero el acorde con cejilla y luego tocando el acorde abierto. El *voicing* del acorde es diferente, pero ambos tienen el mismo sonido o *tonalidad* general.

Ejemplo 3d:

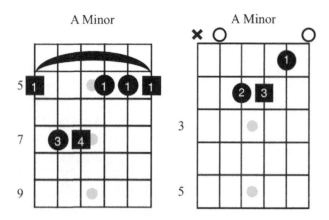

Usa el mapa de notas en la sexta cuerda mostrado anteriormente para tocar la siguiente progresión de acordes. Todo lo que tienes que hacer es usar la forma con cejilla menor y deslizarte a la ubicación correcta para cada acorde. Escucha el audio para ver cómo funciona.

Ejemplo 3e:

La nota Bb se encuentra en el 6to traste entre A y B

Ahora que has aprendido el voicing de acorde con cejilla menor para la sexta cuerda, vamos a aprender el voicing de acorde con cejilla *mayor*.

Ejemplo 3f:

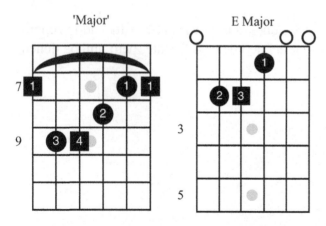

Como puedes ver, este acorde con cejilla tiene la misma forma que el acorde abierto E mayor del Capítulo 1, pero usa una cejilla con el primer dedo en vez de tocar las cuerdas al aire.

Los acordes con cejilla nos permiten mover todas las notas de un acorde por el diapasón mientras mantienen intacta su relación con la fundamental. Todo se mueve en la misma cantidad porque no hay cuerdas al aire.

Todo lo que necesitamos es conocer la forma de una cejilla para cada tipo de acore (mayor, menor "7", etc.) y dónde ubicarla.

Repite el ejemplo 3e, pero esta vez usa cejillas mayores en lugar de cejillas menores.

Ejemplo 3g:

También podemos tocar acordes con cejilla en la quinta cuerda usando las formas A mayor y A menor del Capítulo 1.

Aquí hay una forma de acorde con cejilla menor móvil con la fundamental en la quinta cuerda.

Ejemplo 3h:

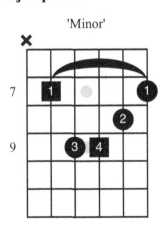

Aquí está la forma de acorde con cejilla mayor móvil con la fundamental en la quinta cuerda.

Ejemplo 3i:

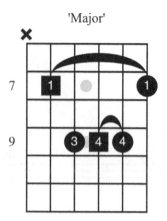

La cejilla mayor en la quinta cuerda es bastante desafiante porque la cejilla no se toca con el primer dedo. De hecho, hay varias maneras de pulsar este acorde; algunas personas incluso tocan las tres notas en el noveno traste con una cejilla del tercer dedo. De cualquier manera, no tienes que preocuparte por darle a la nota en la primera cuerda (la más delgada). Es un poco extraña y no agrega mucho al sonido del acorde, así que no te preocupes si está silenciada por el momento.

Una vez que sepas cómo tocar las formas de acorde mayor y menor en la quinta cuerda, todo lo que necesitas saber es dónde encontrar las notas fundamentales para poder acceder a *cualquier* acorde mayor o menor. El siguiente diagrama muestra la ubicación de las notas en la quinta cuerda. Las notas como D#/Eb se encuentran entre las notas D y E.

Notes on the Fifth String

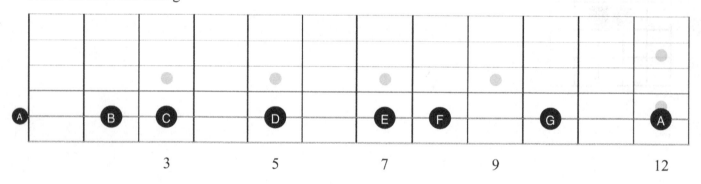

Toca la siguiente secuencia usando solo acordes con cejilla menores en la quinta cuerda.

Ejemplo 3j:

Toca la siguiente secuencia usando solo acordes con cejilla mayores en la quinta cuerda.

Ejemplo 3k:

Toca la siguiente secuencia, pero esta vez combina acordes con cejilla mayores y menores en la quinta cuerda.

Ejemplo 3l:

A continuación, toca esta progresión que combina cejillas mayores y menores en las cuerdas 5ta y 6ta. Hay varias maneras de tocar esta progresión dependiendo de dónde elijas tocar las cejillas. Podrías tocar cualquier acorde con la fundamental en la 5ta o 6ta cuerda.

Ejemplo 3m:

Intenta tocar algunas de las progresiones de los Capítulos 1 y 2, pero esta vez tócalas con acordes con cejilla.

La colocación de acordes con cejilla puede estar limitada por el tipo de guitarra que estés tocando. Es más difícil hacer cejillas en una guitarra acústica ya que las cuerdas son normalmente más gruesas. Además, las guitarras acústicas a menudo solo dan acceso hasta alrededor del décimo traste donde el diapasón de la guitarra se une al cuerpo.

Las guitarras eléctricas suelen tener un mayor rango disponible y cuerdas más delgadas, lo que hace que los acordes con cejilla sean más fáciles de tocar.

Hay formas de acordes con cejilla para cada tipo de *calidad* de acordes. Hablaremos más sobre las calidades de los acordes y veremos un poco de teoría en el próximo capítulo, pero por ahora, simplemente aprende las siguientes formas de acordes con cejilla.

Ejemplo 3n:

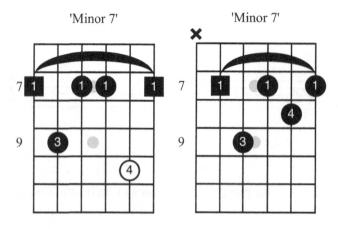

Ejemplo 3o:

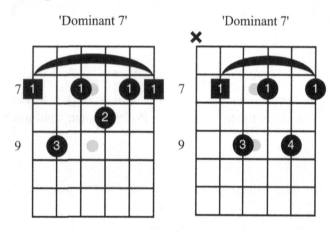

Ejemplo 3p:

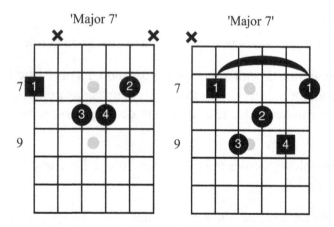

Aunque la cejilla de 7ma mayor en la sexta cuerda no es técnicamente un acorde con cejilla, la parte inferior del primer dedo se utiliza para silenciar la quinta cuerda no pulsada como se muestra por la "x". Como no hay cuerdas al aire, la forma es movible.

Como siempre, aprende cada acorde con cejilla de forma individual siguiendo los pasos del capítulo **Cómo practicar**, antes de combinar diferentes acordes en secuencias.

Aquí hay algunas ideas para comenzar. No importa si usas una cejilla en la sexta cuerda o en la quinta para tocar cada acorde, entonces hay muchas maneras de tocar cada secuencia. Intenta mantener los acordes muy juntos para evitar grandes movimientos hacia arriba y hacia abajo del diapasón. Por ejemplo, normalmente es preferible pasar de Am a Dm moviendo un acorde con cejilla de la sexta a la 5ta cuerda, que deslizando la misma forma del 5to a 10mo traste en la sexta cuerda.

Ejemplo 3q:

Ejemplo 3r:

Ejemplo 3s:

Intenta alterar las secuencias de los dos capítulos anteriores para usar estos nuevos acordes de 7ma. Intenta convertir un acorde mayor en una de 7ma dominante o uno de 7ma mayor. Intenta convertir un acorde menor en un acorde m7 o uno de 7ma dominante. Puedes crear excelentes resultados.

Anota tus ideas favoritas y estarás listo para escribir algunas canciones en serio.

¿Cómo te va hasta ahora? Califica este libro **dando clic aquí** y obtén gratis un libro de guitarra que elijas.

Capítulo 4: Un poco de teoría musical (no intimidante)

Si *no* estás interesado en aprender la teoría de cómo funciona la música, y solo quieres aprender más acordes, ¡puedes saltarte este capítulo! Sin embargo, te sugiero que uses esta sección como una lectura nocturna "ligera" porque es bueno entender lo que estás tocando; te ayudará a ser más creativo.

En capítulos anteriores, encontramos algunos acordes "de 7ma", así que ahora aprenderemos cómo se forman.

La construcción de acordes comienza con las escalas.

¿Qué es una escala?

Por lo que necesitamos saber para este libro, una escala es una secuencia de notas que comienza y termina en el mismo lugar. Por ejemplo, la escala de C Mayor es

C D E F G A B C

Las escalas son muy importantes, así que si quieres obtener más información sobre cómo funcionan, te recomiendo mis dos libros, El círculo de quintas para guitarristas y **Guía práctica de teoría de música moderna para guitarristas**.

¿Qué es un acorde?

Un acorde, técnicamente, es la combinación de tres o más notas. Un acorde mayor o menor solo tiene tres notas individuales. A menudo, los acordes mayores o menores en la guitarra *parecen* tener más de tres notas. Sin embargo, aunque tocamos notas en cuatro, cinco o incluso seis cuerdas, solo estamos tocando tres notas individuales separadas que se duplican en octavas diferentes.

Por ejemplo, en el siguiente acorde de C mayor, los nombres de las notas están marcados ... Puedes ver que aunque toques seis cuerdas, solo hay tres notas únicas.

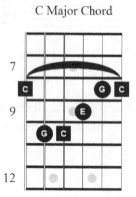

C Major Chord

En este voicing, la nota C aparece tres veces, y la nota G aparece dos veces. La única nota que aparece una vez es E.

¿De dónde vienen estas notas?

Para saber qué notas van juntas para formar cada acorde individual, debemos aprender cómo *armonizar* la escala mayor.

Los acordes se forman cuando "apilamos" notas específicas de una escala una sobre otra. Mira nuevamente el ejemplo anterior. El acorde de C mayor contiene *solo* las notas, C, E y G. En el contexto de la escala mayor, hemos tomado las notas 1, 3 y 5:

C	D	E	F	G	A	B	C
1	2	3	4	5	6	7	8/1

Esto se puede ver como "saltar sobre" cada dos notas de la escala. Por ejemplo, formamos este acorde comenzando en C, saltando sobre D y cayendo en E, saltando sobre F y cayendo en G. Así es como se forman los acordes más simples de tres notas.

C E G

D F A

E G B

F A C

G B D

A C E

B D F

Si vemos las notas de C mayor espaciadas en el diapasón, podemos establecer qué patrón de notas se requiere para formar un acorde mayor.

Ejemplo 4a:

C Major

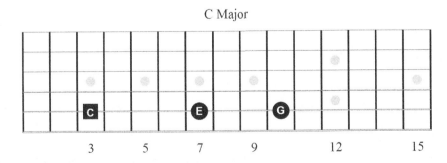

La distancia entre las notas C y E es de *dos tonos*.

Cualquier acorde con una distancia de dos tonos entre las dos primeras notas se puede clasificar como un acorde de "tipo mayor". Esta distancia en la música se llama "*tercera mayor*".

La distancia entre la 3ra y la 5ta (las notas E y G) es de *un tono y medio*. Esta es *un semitono más pequeño* que la tercera mayor, por lo cual la llamamos *tercera menor*.

Cuando se mide desde la *fundamental*, cualquier acorde mayor *debe* constar de dos tonos entre la fundamental y la tercera, y tres tonos y medio entre la fundamental y la quinta.

Es una convención en la música describir las notas de un acorde en términos de su relación con la fórmula de la escala mayor, **1 2 3 4 5 6 7**.

Entonces, en términos simples, un acorde mayor tiene la fórmula 1 3 5, y **el primer acorde de cualquier escala mayor es siempre mayor.**

Pasando a la segunda nota en la escala C mayor, (D) y repitiendo el proceso anterior generamos:

C	D	E	F	G	A	B	C
1	2	3	4	5	6	7	8/1

Al armonizar desde la segunda nota de la escala, obtenemos las notas D, F y A. En la guitarra, estas se ven y suenan como:

Ejemplo 4b:

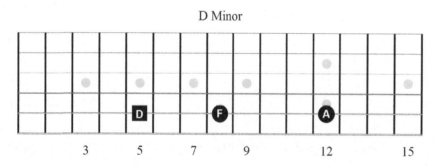

D Minor

La distancia entre las notas D y F es de un tono y medio o una "*tercera menor*", lo que significa que el acorde es *menor*.

Sin embargo; la distancia entre las notas D y A es todavía de tres tonos y medio, que es el espaciado correcto para una quinta *perfecta*.

Con una tercera menor y una quinta perfecto, este acorde se clasifica como un acorde menor construido sobre la nota D, o simplemente "D menor" para abreviar.

Como fórmula, un acorde menor se expresa como 1 b3 5 y **el segundo acorde en cualquier tonalidad mayor siempre es menor.**

Todas las notas de la escala mayor se pueden armonizar de esta manera, y con la excepción de la 7ma nota, B, todos son acordes mayores o menores.

Para ahorrar espacio, no mostraré la construcción de todos los acordes (pero intenta hacerlo por ti mismo). Los acordes armonizados de la escala C mayor son:

Acorde I	C mayor
Acorde ii	D menor
Acorde iii	E menor
Acorde IV	F mayor
Acorde V	G mayor
Acorde vi	A menor
Acorde vii	B menor (b5) o B *Disminuido*

Es bastante raro tocar un acorde disminuido, por lo que no los cubriremos aquí. En la tabla anterior, verás que en lugar de enumerar cada acorde 1, 2, 3, etc., se enumeran por números romanos. Esto puede parecer extraño, pero en realidad ahorra mucha confusión más adelante. Los acordes mayores se muestran con letras mayúsculas, y los acordes menores se muestran con letras minúsculas.

Los acordes I, IV y V son mayores

Los acordes ii, iii, vi y vii son menores.

Acordes de 7ma

En el Capítulo 3, estudiamos los acordes de 7ma dominante.

En música, a veces verás acordes con nombres como "G7", "A menor 7", "C Mayor 7" o incluso "B menor 7b5". Todos estos acordes "7" se pueden formar a partir de la escala mayor. De hecho, son simplemente *extensiones* del proceso original que utilizamos para construir acordes en los capítulos de armonización.

Mira atrás cómo formamos acordes mayores y menores partiendo de la escala mayor. Tomamos la primera, tercera y quinta notas al saltar los tonos de escala adyacentes. Si continuamos saltando notas para caer en la séptima nota, es decir, 1 3 5 7, habríamos creado un acorde de "7ma". Por ejemplo:

C	D	E	F	G	A	B	C
1	2	3	4	5	6	7	8/1

Además de las notas C, E y G, ahora hemos introducido la nota B. Este acorde es una *tríada* de C mayor con una *7ma natural* añadida y se llama C mayor 7. Observa cómo la 7ma nota, (B) está una *semitono abajo* de la fundamental, (C). El acorde se puede tocar así:

Ejemplo 4c:

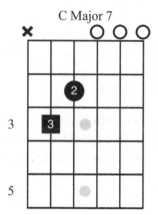

La nota agregada, B se toca en la segunda cuerda al aire. Toca y escucha este acorde. Observa cómo tiene mayor riqueza en comparación con un acorde de C Mayor ordinario. La fórmula de un acorde de 7ma mayor es 1 3 5 7.

Cuando agregamos la 7ma nota al acorde ii (D menor), obtenemos las siguientes notas:

D F A C.

Esta vez, la 7ma nota (C) está un *tono completo* abajo de la fundamental, (D). Esta 7ma nota, por lo tanto, es una *b7* no una *7ma natural* como en el ejemplo anterior de C Mayor.

Cuando agregamos una nota b7 a un acorde menor, el acorde se llama "menor 7". En este caso, hemos formado el acorde de D menor 7. Se puede tocar así:

Ejemplo 4d:

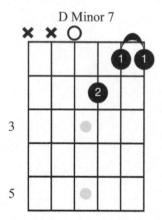

Para mí suena como una especie de acorde menor *suavizado*. Todavía triste, pero no tan triste como un acorde menor estricto. Cualquier acorde menor 7 tiene la fórmula 1 b3 5 b7.

Los dos tipos de acordes anteriores, mayor 7 y menor 7, representan cinco de los tonos de escala armonizados:

Acorde 1 (Imaj7)	C mayor 7
Acorde 2 (iim7)	D menor 7
Acorde 3 (iiim7)	E menor 7
Acorde 4 (IVmaj7)	F mayor 7
Acorde 5	
Acorde 6 (vim7)	A menor 7
Acorde 7	

Como puedes ver, omití los acordes V y vii. Esto se debe a que son ligeramente diferentes. Como sabes ahora, cuando armonizamos la escala mayor, el acorde V (G) siempre es un acorde mayor. Sin embargo, la 7ma nota añadida *no* es una 7ma natural. Aquí está el acorde V armonizado en la tonalidad de C:

G B D **F.**

La nota F está un tono completo abajo de la fundamental, (G). Esto es similar a la nota b7 en un acorde menor 7. Lo que tenemos ahora es un acorde mayor con un *b7* añadido.

Este acorde se llama de 7ma *dominante* y simplemente se escribe con un "7" después de la fundamental del acorde, por ejemplo, *G7* o *A7*. Tiene la fórmula 1 3 5 b7. G7 se puede tocar así:

Ejemplo 4e:

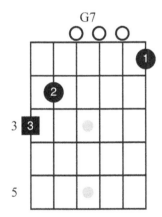

Los acordes de 7ma dominantes tienen un sonido tenso, no resuelto, y a menudo se mueven hacia el acorde tónico (o base) de la tonalidad, en este caso, C mayor.

Finalmente, cuando armonizamos la 7ma nota de la escala mayor, generamos un acorde que es bastante raro en la música pop o rock, pero que a menudo se usa en el jazz.

El acorde vii forma un acorde *menor b5* o *disminuido*. Cuando armonizamos este acorde hasta cuatro notas en la tonalidad de C, obtenemos

B D F **A**

De nuevo, estamos agregando una 7ma bemol (b7), por lo que el acorde ahora se describe como un "menor 7b5". A menudo se escribe como *m7b5*. En este caso, verías Bm7b5. Este tipo de acorde tiene la fórmula 1 b3 b5 b7.

Se toca así y tiene una calidad oscura y melancólica:

Ejemplo 4f:

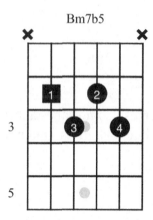

Ahora podemos completar la tabla de la escala mayor armonizada.

Acorde Imaj7	C mayor 7
Acorde iim7	D menor 7
Acorde iiim7	E menor 7
Acorde IVmaj7	F mayor 7
Acorde V7	G7 o G *de 7ma dominante*
Acorde vim7	A menor 7
Acorde viim7b5	B menor 7 b5 o Bm7b5

Te complacerá saber que hay una forma simple de taquigrafía para describir y escribir cualquier tipo de acorde de 7ma.

Cada uno tiene una fórmula especial que describe la manera en que se forman.

Recuerda que un acorde mayor tiene la fórmula 1 3 5.

Un acorde menor (con la distancia más corta entre el 1 y el 3) tiene la fórmula 1 b3 5.

La siguiente tabla muestra la convención de construcción y nomenclatura de todos los acordes de 7ma.

Acorde	Fórmula
Mayor 7 (Maj7)	1 3 5 7
7ma dominante (7)	1 3 5 b7
Menor 7 (m7)	1 b3 5 b7
Menor 7 bemol 5 (m7b5)	1 b3 b5 b7

Los acordes mayor 7 son los únicos acordes que tienen una 7ma "natural". Todos los demás acordes (al menos para los propósitos de este libro) tienen b7s.

Para ver este proceso en acción, simplemente podemos comparar algunas de las notas en diferentes acordes "C".

Acorde	Fórmula	Notas
C Mayor 7	1 3 5 7	C E G B
C7	1 3 5 b7	C E G Bb
Cm7	1 b3 5 b7	C Eb G Bb
Cm7b5	1 b3 b5 b7	C Eb Gb Bb

¡Esa es definitivamente suficiente teoría por ahora! Avancemos y aprendamos algunos acordes nuevos.

Capítulo 5: Más acordes de posición abierta

Hemos visto los acordes de 7ma más importantes en forma de acordes con cejilla, pero hay algunos voicings de "7ma" realmente espléndidos que puedes tocar en posición abierta.

Aprende los siguientes acordes tal como lo hiciste en los capítulos anteriores.

Ejemplo 5a:

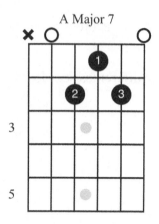

Ejemplo 5b:

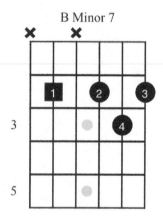

Ejemplo 5c:

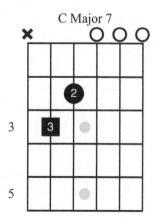

Ejemplo 5d:

D Minor 7

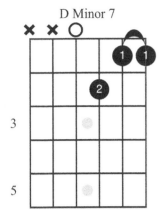

Ejemplo 5e:

A Minor 7

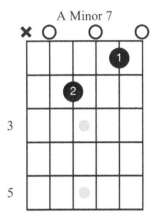

Ejemplo 5f:

D Major 7

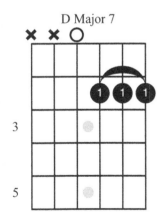

Ejemplo 5g:

E Major 7

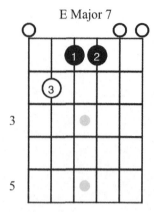

Ejemplo 5h:

E Minor 7

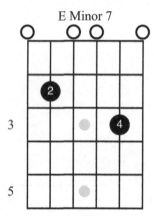

Ejemplo 5i:

F Major 7

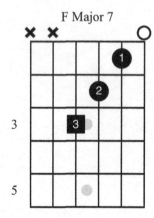

Ejemplo 5j:

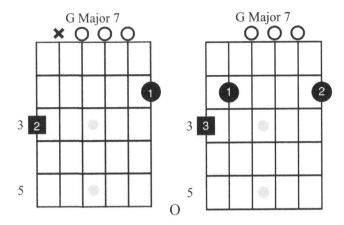

También hay algunos tipos de acordes que aún no hemos cubierto.

Un acorde *suspendido* o "*sus*" es uno que reemplaza la tercera con la 2da o la 4ta.

En lugar de 1 3 5, la fórmula es 1 2 5 o 1 4 5.

En lugar de C E G, las notas son C D G o C F G.

Si la 3ra es reemplazada por la 2da, el acorde se llama "sus2". Si la 3ra es reemplazado por la 4ta, entonces el acorde se llama "sus4".

Aquí hay algunos acordes abiertos suspendidos. Tócalos y escucharás por qué se llaman "suspendidos".

Ejemplo 5k:

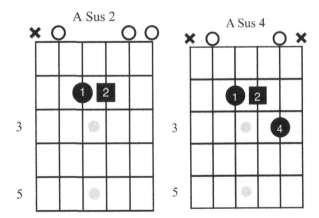

Ejemplo 5l:

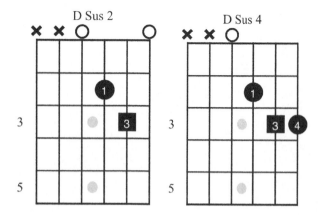

Los acordes "6" tienen la fórmula 1 3 5 6. Son bastante ricos en sonido y evocan un poco el jazz. Lo más común es que se utilicen muy poco en la música, ya que pueden sonar con demasiada fuerza en una progresión de acordes tipo pop.

Ejemplo 5m:

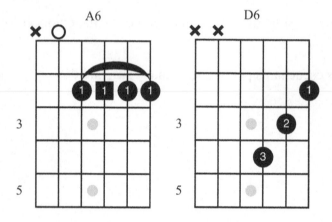

Ejemplo 5n:

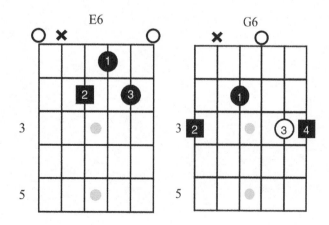

* En el E6, ten cuidado de evitar la quinta cuerda. Intenta tocar la sexta cuerda en sí misma, luego salta sobre la quinta cuerda para rasguear el resto del acorde.

¡Ponte a prueba!

Usa las siguientes progresiones para probar tus conocimientos de los acordes de este capítulo. Combina estos acordes con acordes que ya conoces para crear nueva música.

También puedes "sustituir" un acorde por otro. Por ejemplo, si ves un acorde D mayor en una secuencia de acordes anterior, intenta sustituirlo por un Dsus2, Dsus4, DMaj7 o D7. No todas las sustituciones de acordes funcionarán, y algunas pueden sonar un poco raras, pero nunca lo sabrás hasta que experimentes. Inténtalo, ¡es divertido!

Ejemplo 5o:

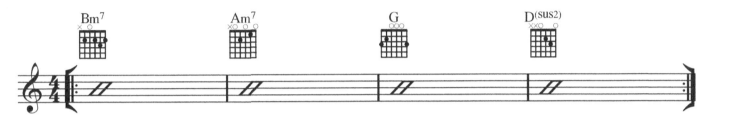

Ejemplo 5p:

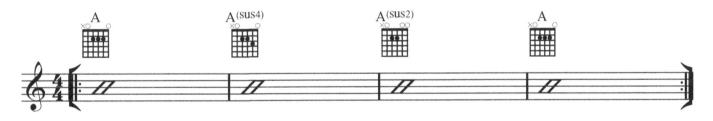

Ejemplo 5q:

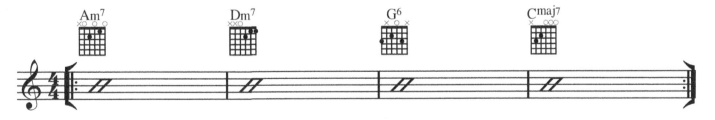

Ejemplo 5r:

Ejemplo 5s:

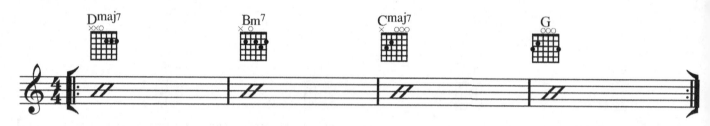

Capítulo 6: Más acordes con cejilla

Los acordes de este capítulo son principalmente versiones de acorde con cejilla de los acordes abiertos suspendidos y "6" del Capítulo 5. Sin embargo, exploraremos un par de acordes "9" importantes.

Aquí están los voicings de acorde con cejilla de los acordes suspendidos que deberías conocer.

Ejemplo 6a: - fundamental en la 6ta cuerda

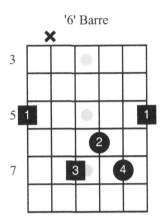

* Ten cuidado de evitar la quinta cuerda

Ejemplo 6b: fundamental en la 5ta cuerda

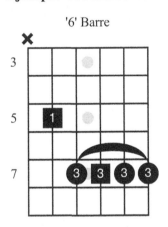

Observe cómo estas formas de acordes con cejilla nuevamente se basan en las versiones de posición abierta de los acordes.

A continuación, aquí están los voicings de sus2 y sus4 que debes saber. Normalmente se tocan como cejillas en la quinta cuerda.

Ejemplo 6c:

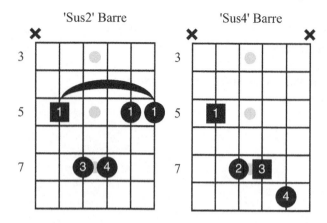

Experimenta con la digitación de la cejilla Sus4. Muchos guitarristas usan una cejilla con el tercer dedo para tocar las notas en la 3ra y 4ta cuerdas.

A continuación, echemos un vistazo rápido a algunos voicings de acordes "Dominantes 9" comunes.

Un acorde Dominante 9 es una extensión de un acorde de 7ma dominante y normalmente se puede usar como una sustitución directa: Por ejemplo, en cualquier lugar donde se puede tocar un D7, se puede tocar un D9 en su lugar[1].

Partiendo de las ideas del Capítulo 4, un acorde Dominante 9 se construye extendiendo un acorde de 7ma dominante por una nota.

Un acorde Dominante 7 es 1 3 5 b7

Un acorde Dominante 9 es 1 3 5 b7 9

Sin embargo, normalmente no tenemos que tocar todas las notas de un acorde para transmitir su calidad única. Muy a menudo omitimos notas como la 5ta ya que realmente no le agregan mucho al carácter del sonido.

Los acordes dominantes 9 son la columna vertebral de la mayoría de las melodías funk, especialmente cualquier cosa al estilo de James Brown. El voicing de acorde con cejilla más común es este.

Ejemplo 6d:

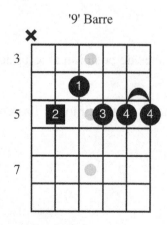

---

1. ¡Manéjese con cuidado!

Hay varias formas de digitar el voicing de acorde anterior. Muchos intérpretes harán la cejilla con su 3er dedo a través de las tres cuerdas más altas.

También es posible tocar un acorde "9" con cejilla con la fundamental en la sexta cuerda, pero es un poco incómodo y menos común.

Ejemplo 6e:

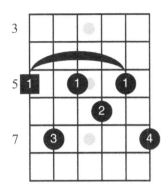

Personalmente, evitaría tocar las notas de la 5ta y 6ta cuerda, y solo intentaría tocar las cuatro cuerdas más altas en lo posible. A menudo, está bien permitir que el bajista se encargue de las fundamentales para que la guitarra no abarque demasiado espacio sónico en la banda. Sin embargo, mucho de esto depende del contexto. Si solo eres tú y un cantante, normalmente necesitarás tocar las notas fundamentales.

¡Ponte a prueba!

Realiza las siguientes progresiones de acordes usando acordes con cejilla. Para refrescar tu memoria, aquí están las fundamentales de las cuerdas 6ta y 5ta.

Notes on the Sixth String

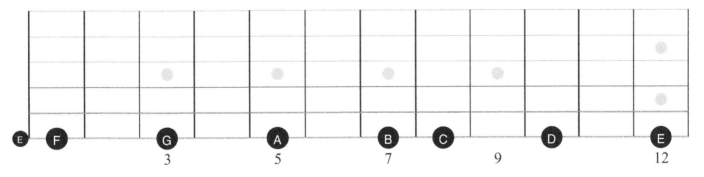

Notes on the Fifth String

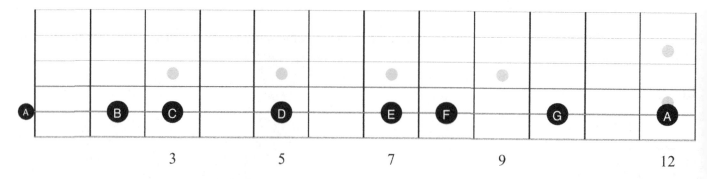

Ejemplo 6f:

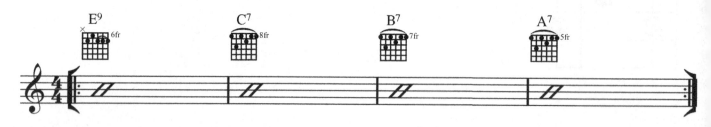

Ejemplo 6g:

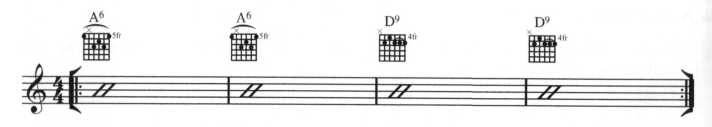

Capítulo 7: Movimientos de notas graves

Al tocar acordes abiertos, es común usar movimientos pequeños en el bajo para ayudar a conectar fluidamente los acordes. La parte "superior" del acorde permanece igual, pero las notas más graves del acorde a menudo descienden o ascienden por pasos. Este tipo de movimiento se llama una *línea de bajo descendente*.

Es fácil moverse entre C mayor y A menor usando una línea de bajo descendente.

Ejemplo 7a:

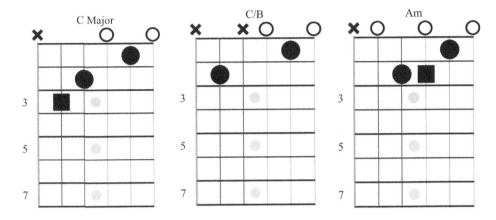

Ten cuidado con las cuerdas silenciadas en estos acordes. Puede funcionar bien puntear la nota grave en cada acorde antes de rasguear el resto de las cuerdas.

El nombre C/B simplemente significa que el acorde de C mayor se está tocando sobre una nota de B grave. Estos acordes con barra (/) normalmente suenan un poco extraños fuera de contexto, pero son excelentes al moverse entre dos acordes fuertes.

La misma idea se puede aplicar al movimiento entre G mayor y Em7.

Ejemplo 7b:

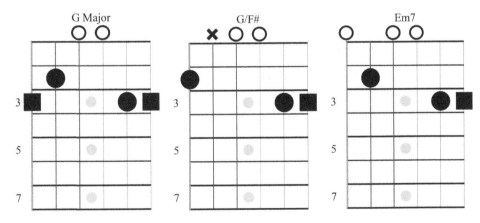

Dale un vistazo a los siguientes ejemplos para aprender cómo puedes utilizar estos acordes con barra para crear líneas de bajo móviles propias. Experimenta con otros tipos de acordes.

Ejemplo 7c:

Ejemplo 7d:

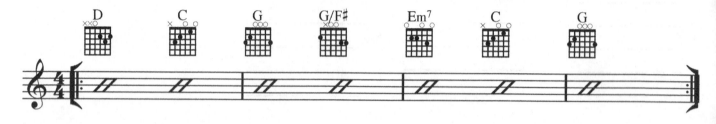

¿Cómo te va hasta ahora? Califica este libro **dando clic aquí** y obtén gratis un libro de guitarra que elijas.

Capítulo 8: Voicings básicos de piano

Los acordes de este capítulo son un poco más apropiados para la guitarra de jazz. Puede que esto no sea lo tuyo, pero es genial experimentar la rica textura de estos acordes.

Estos voicings se llaman "de piano" porque imitan la forma en que muchos pianistas disponen los acordes en el piano. Observa que hay un "espacio" de una cuerda entre la nota grave (sexta cuerda) y la primera nota de cuerda superior (cuarta cuerda).

La parte inferior del primer dedo podrá silenciar fácilmente la cuerda no deseada en la mitad del acorde.

Como siempre, usa los pasos de la sección **Cómo practicar** para construir tu memoria muscular y fluidez con estos acordes. Luego, agrega ritmo y comienza a combinarlos. Aplica estos voicings a las secuencias del final de este capítulo y también utilízalas en las secuencias de los capítulos anteriores.

Ejemplo 8a:

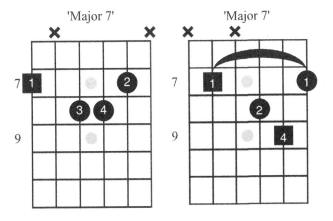

Ejemplo 8b:

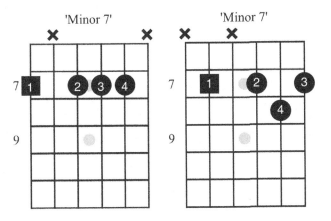

Ejemplo 8c:

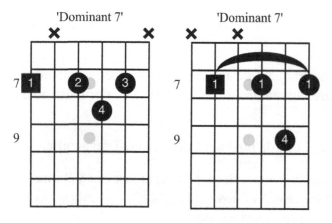

Ejemplo 8d:

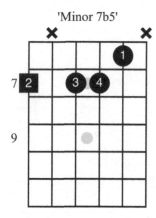

La siguiente forma de m7b5 es *técnicamente* correcta, pero la mayoría de los guitarristas optarán automáticamente por el segundo voicing que es más fácil.

Ejemplo 8e:

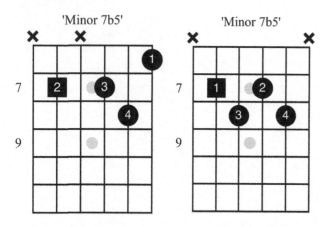

¡Ponte a prueba!

Toca las siguientes progresiones usando acordes con cejilla con voicings de piano.

Ejemplo 8f:

Ejemplo 8g

Ejemplo 8h:

Ejemplo 8i:

Capítulo 9: Cejillas en la 4ta cuerda

En esta breve sección, veremos rápidamente cómo tocar los tipos de acordes más importantes en las cuatro cuerdas superiores. Estos voicings se usan a menudo en música Motown y R&B.

El primer voicing mayor es una versión de acorde con cejilla de un acorde D mayor abierto. Es bastante difícil de tocar, por lo que la mayoría de los guitarristas omitirán la fundamental y tocarán el acorde con la misma digitación que D mayor.

Ejemplo 9a:

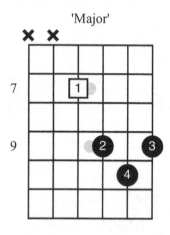

Una vez más, el voicing de Dm es bastante desafiante, así que intenta tocarlo sin la fundamental.

Ejemplo 9b:

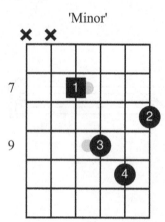

Ejemplo 9c:

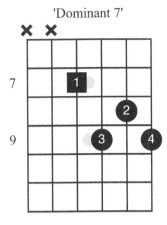

Ejemplo 9d:

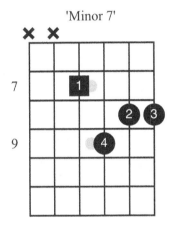

Algunos guitarristas solo usan los dedos uno y tres para tocar el siguiente acorde con cejilla Maj7. Nunca funcionó para mí, ¡pero es una buena opción si puedes manejarlo!

Ejemplo 9e:

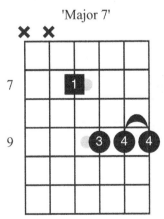

Observa cómo el siguiente acorde m7b5 es como las cuatro notas superiores de un acorde "9".

Ejemplo 9f:

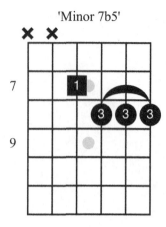

Tendrás que saber las notas de la cuarta cuerda para que puedas colocar estos voicings móviles en la nota correcta.

Notes on the Fourth String

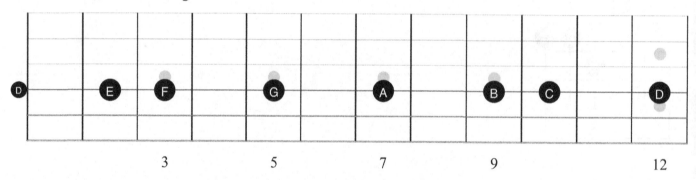

¡Ponte a prueba!

Combina los voicings de acordes de este capítulo con los de los capítulos anteriores para tocar las siguientes secuencias de acordes.

Ejemplo 9g:

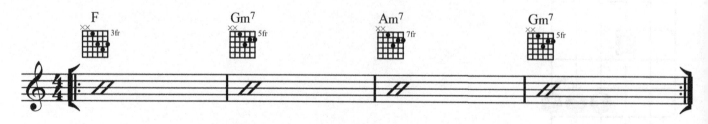

Ejemplo 9h:

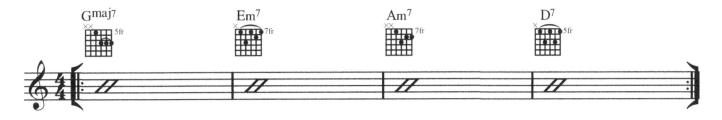

Ejemplo 9i:

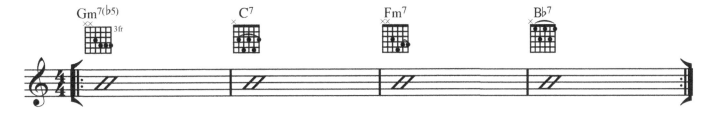

Crea tus propios ejemplos y utiliza las cejillas de cuatro cuerdas para tocar otras secuencias de capítulos anteriores.

Capítulo 10: Extensiones diatónicas de acordes de 7ma dominante

Está bien, seré sincero ... probablemente no necesites trabajar en los dos siguientes capítulos a menos que seas curioso acerca de la música, o si sabes que quieres tocar jazz. Si lo que quieres es sacar algunas canciones pop en la guitarra, te recomiendo que dediques tu tiempo a los nueve capítulos anteriores y apliques todo aquello en la mayor cantidad de canciones posible. Pasar tiempo en las secciones **Cómo practicar** y **Rasgueo** de este libro será mucho más beneficioso para ti que soportar esta sección si no estás listo.

Encuentra algunos compañeros de banda, ensaya, consigue un concierto y diviértete.

Sin embargo, si quieres echar un vistazo al tenebroso mundo del jazz, es posible que los próximos dos capítulos te resulten interesantes. Son avanzados, así que realmente no los recomiendo para principiantes. ¡Sal mientras puedas y regresa después!

¿Aún sigues aquí?

OK, entonces ... La siguiente sección está tomada de mi libro best-seller **Acordes de guitarra en contexto**. Es un líder en ventas constante en Amazon y va más allá de ser un simple diccionario de acordes. Hay muchas cosas que no cubrimos en este libro, por lo que te lo recomiendo bastante si estás interesado en convertirte en un gran guitarrista.

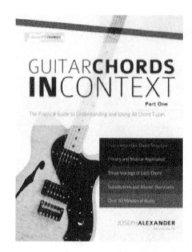

En el jazz, es común añadir "extensiones" diatónicas y "alteraciones" cromáticas a los acordes de séptima dominante. Una extensión natural o "diatónica" es una nota que se añade al acorde básico 1 3 5 b7, pero se encuentra dentro de la escala madre original del acorde dominante. En otras palabras, para formar un acorde dominante extendido seguimos saltando notas de la escala, tal como lo hicimos cuando aprendimos a formar un acorde inicialmente.

Podemos extender la fórmula de acorde básica 1 3 5 b7 para incluir los tonos 9no, 11vo y 13vo de la escala.

Estas extensiones se producen cuando extendemos una escala más allá de la primera octava. Por ejemplo, aquí está la escala madre de un acorde C7 (C mixolidio):

C	D	E	F	G	A	Bb	C	D	E	F	G	A	Bb	C
1	2	3	4	5	6	b7	1/8	9	3	11	5	13	b7	1

Observa que en la segunda octava, si una nota está incluida en el acorde original todavía se conoce como 1, 3, 5, o b7. Esto se debe a que la función de estas notas nunca cambia en el acorde: una 3ra siempre definirá si un acorde es mayor o menor y el b7 siempre será una parte esencial de un acorde m7 o 7.

Las notas *entre* los tonos de acorde son las notas que han cambiado sus nombres. En lugar de 2, 4 y 6, son ahora 9, 11, y 13. Estos son llamados intervalos *compuestos*.

En términos muy simples, se podría decir que un acorde C13 podría contener *todos* los intervalos, hasta el 13vo:

1 3 5 b7 9 11 y 13 – C E G Bb D F y A

En la práctica, sin embargo, esta es una gran cantidad de notas (sólo tenemos seis cuerdas), y tocar muchas notas al mismo tiempo produce un sonido muy pesado e indeseable, porque muchas de las notas chocan entre sí.

La solución para este problema es eliminar algunas de las notas del acorde pero, ¿cómo sabemos cuáles?

No hay reglas fijas sobre qué notas se deben dejar de lado en un acorde extendido; no obstante, *hay* algunas pautas sobre cómo definir un sonido de acorde y qué *debe* ser incluido.

Para definir un acorde como mayor o menor, se debe incluir algún tipo de 3ra.

Para definir un acorde de séptima dominante, séptima mayor o séptima menor, se debe incluir algún tipo de séptima.

Estas notas, las 3as y 7as, se denominan tonos guía, y son las notas más esenciales en cualquier acorde. Puede que te sorprenda, pero estas notas son más importantes incluso que la fundamental del acorde y, muy a menudo en la interpretación de la guitarra rítmica del jazz, la fundamental del acorde se deja de lado por completo.

Vamos a mirar más de cerca los voicings de acorde de tono de guía o "shell" en el siguiente capítulo, pero por ahora vamos a examinar las formas más comunes para tocar las extensiones que se producen regularmente en los acordes dominantes en las progresiones de jazz.

Para nombrar un acorde dominante, buscamos siempre la extensión más alta que esté incluida. Entonces, si las notas fueran 1, 3, b7 y 13, lo llamaríamos una 13va dominante, o simplemente acorde "13". Observa que no incluye la 5ta, 9na u 11va, pero aún así se llama un acorde "13".

Mientras tengamos la 3ra y la b7ma, un acorde siempre será un voicing dominante.

Vamos a empezar por mirar un voicing bastante común de un acorde D7. En el siguiente ejemplo, cada *intervalo* del acorde está marcado en el diagrama.

En D7 los intervalos 1 3 5 b7 son las notas D, F#, A y C.

Ejemplo 10a:

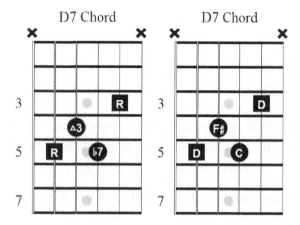

El símbolo de "triángulo 3" es la abreviación de "3ra mayor".

Como se puede ver, este voicing de D7 no incluye la 5ta del acorde (A).

Aquí está la escala ampliada de D mixolidio (la escala madre de D7).

D	E	F#	G	A	B	C	D	E	F#	G	A	B	C	D
1	2	3	4	5	6	b7	1/8	9	3	11	5	13	b7	1

Podemos utilizar este voicing de D7 para formar un acorde de 9na dominante o simplemente acorde "9". Todo lo que tenemos que hacer es añadir la 9na de la escala (E) al acorde. La forma más sencilla de hacerlo es moviendo la fundamental de la octava más alta (D) por un tono hacia arriba y sustituirla por una E.

Ejemplo 10b:

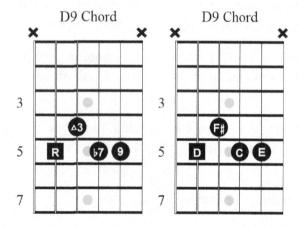

Observa con cuidado para asegurarte de entender cómo sustituí la fundamental del acorde con la 9na del acorde para formar un acorde de 9na dominante o acorde "9".

Los intervalos contenidos en este voicing de acorde ahora son 1, 3, b7 y 9. Tenemos a 1, 3 y b7 que definen al acorde como dominante y la 9na (E) que crea el acorde de 9na dominante *extendido*.

Los acordes de 11va dominante o simplemente "11" son menos comunes y necesitan un cuidado especial debido a que la 3ra mayor del acorde (F#) puede entrar en conflicto con facilidad con la 11va (G).

Vamos a pasar por alto los acordes de 11va por ahora y volveremos a ellos más tarde, aunque la forma más común para formar un acorde de 11va es bajando la 5ta de un acorde dominante por un tono. El descenso de la 5ta es generalmente dispuesto una octava por encima de la 3ra, de lo contrario se puede producir un choque de semitono entre la 3ra y la 11va.

Aquí hay otro voicing de un acorde D7, esta vez sí contiene la 5ta:

Ejemplo 10c:

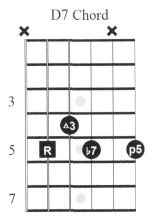

Bajando la 5ta (A) por un tono hasta la 11va (G), formamos un acorde de 11va dominante o acorde "11".

Ejemplo 10d:

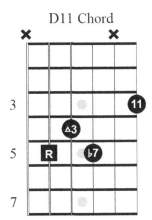

Los acordes de 13va dominante son mucho más comunes en el jazz que los acordes de 11va dominante. Normalmente son creados elevando la 5ta de un acorde de 7ma dominante por un tono, de modo que se convierte en la 13va (6ta). Es común incluir la 9na de la escala en un acorde de 13va, pero no es en absoluto necesario.

Mediante la combinación de las dos últimas ideas podemos formar un acorde D9 con la 5ta en la 1ra cuerda de la guitarra:

Ejemplo 10e:

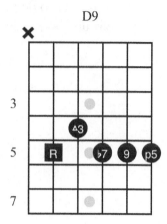

Al elevar la 5ta por un tono podemos alcanzar el 13vo grado (intervalo) de la escala. El acorde se muestra primero con los intervalos, y luego con la digitación recomendada:

Ejemplo 10f:

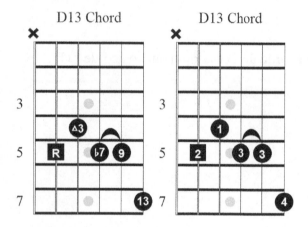

Como estoy seguro de que estás empezando a notar, añadir extensiones a los acordes dominantes es simplemente una cuestión de saber dónde está situada la extensión deseada en el diapasón y luego mover un tono de acorde no esencial a esa ubicación.

El acorde de 13va anterior también puede ser dispuesto de forma ligeramente diferente para lograr un sabor sutilmente diferente. Podríamos reemplazar la 9na con la 3ra:

Ejemplo 10g:

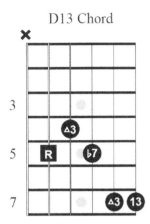

En este voicing hay dos 3ras, lo cual es completamente aceptable. Es probable que sientas que la versión anterior con la 9na incluida tiene un sonido un poco más rico.

Este enfoque también se puede aplicar a un acorde de 7ma dominante dispuesto a partir de la sexta cuerda de la guitarra. Aquí están la fundamental, 3ra y b7 de un acorde D7 con la fundamental en la 6ta cuerda:

Ejemplo 10h:

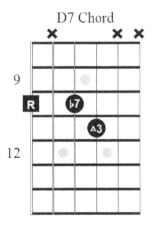

La 5ta y la fundamental en la octava más alta de este acorde se encuentran aquí:

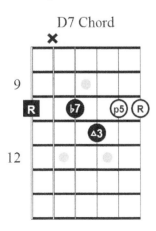

Si recuerdas, podemos elevar la 5ta por un tono para tocar la 13va del acorde, y podemos elevar la fundamental del acorde por un tono para apuntarle a la 9na.

Ejemplo 10i:

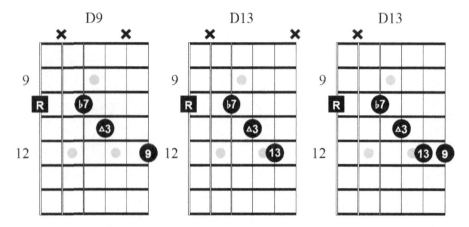

El tercer diagrama muestra un acorde de 13va que incluye la 9na. Sigue siendo un acorde de 13va, ya sea que la 9na esté presente o no.

Los siguientes dos voicings "shell" son digitaciones muy útiles de conocer, ya que es fácil añadirles extensiones, a la vez que se mantiene la fundamental del acorde en el bajo. Sin embargo, como aprenderás en el capítulo 14, las extensiones diatónicas se agregan a menudo por el uso inteligente de las *sustituciones* de acordes que reemplazan al acorde original.

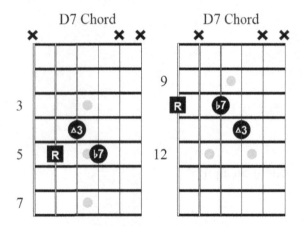

Capítulo 11: Alteraciones cromáticas a los acordes dominantes

Mientras que las extensiones diatónicas (9, 11 y 13) se añaden a un acorde dominante, también es muy común añadir extensiones *alteradas* o *cromáticas* a un acorde dominante. Estas alteraciones se producen principalmente en los puntos de tensión en una progresión de jazz, tales como el acorde dominante en una secuencia ii V I (dos, cinco, uno).

Una alteración cromática es una nota que se añade a un acorde dominante y que no es un 9, 11 o 13. Podemos tener en cuenta *todas* las posibles alteraciones cromáticas simplemente elevando o disminuyendo la 9na o la 5ta del acorde, de hecho, sólo hay realmente cuatro posibles extensiones alteradas: b5, #5, b9 y #9.

Para ver por qué esto es así, vamos a ver un poco de teoría. Aquí está la escala de dos octavas de C mixolidio, la escala madre de C7:

C	D	E	F	G	A	Bb	C	D	E	F	G	A	Bb	C
1	2	3	4	5	6	b7	**1/8**	9	**3**	11	**5**	13	**b7**	1

Y aquí se presenta en el diapasón de la guitarra:

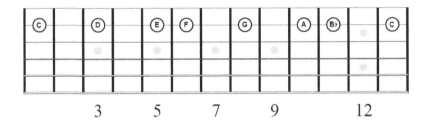

La 5ta de la escala es la nota G y la novena es la nota D.

Puedo elevar la 5ta (G) para convertirla en un G# y crear una tensión #5. También podría conseguir el mismo resultado disminuyendo la 6ta o la 13va notas (A) para convertirlas en un Ab/G#.

Por esta razón, un intervalo de b13 es exactamente lo mismo que un #5. Los acordes de C7#5 y C7b13 son los mismos.

Si nos fijamos en el diapasón de nuevo, se verá que un #11 (F#) es idéntico a un b5 (Gb).

Algo similar ocurre con la 9na de la escala, aunque en un acorde dominante *nunca* disminuirías la 3ra porque cambiaría la calidad del acorde de dominante a séptima menor.

Recuerda, dominante = 1 3 5 b7 y séptima menor = 1 b3 5 b7. Disminuyendo la 3ra de un acorde dominante hemos cambiado la calidad del acorde y ya no es dominante, a menos que haya otra 3ra mayor sonando en el acorde.

Puedo elevar la novena (D) para convertirla en un D# y crear un sonido C7#9. También puedo disminuir la 9na a Db para crear un sonido 7b9.

Sin embargo, a diferencia de la 3ra, es aceptable eliminar la nota fundamental de cualquier acorde así que, como se verá en el capítulo 9, es posible elevar la fundamental por un semitono para crear un sonido b9.

No podemos elevar el b7 del acorde porque cambiaría la calidad del acorde de séptima dominante a séptima mayor.

En resumen: b5 = #11 y #5 = b13, así que las únicas verdaderas extensiones alteradas para un acorde dominante son b5, #5, b9 y #9. Verás acordes escritos como C7#11b13. Esto no está mal, es sólo una cuestión de terminología. La clave es darse cuenta de que C7#9b13 es lo mismo que C7#9#5.

La razón por la que enseño b5, #5, b9, #9 es porque hace que los acordes sean mucho más fáciles de entender y tocar en el diapasón.

Trabajaremos con un acorde D7 para hacer estos ejemplos más fáciles de tocar.

Aquí hay un diagrama del diapasón que muestra el voicing "shell" 1 3 b7 de un acorde dominante en negro, y los intervalos 5to y 9no marcados en blanco:

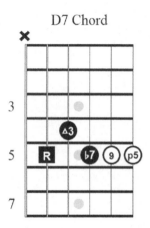

Puedo crear *cualquier* extensión alterada simplemente moviendo las notas blancas hacia arriba o hacia abajo por un semitono.

Ejemplo 11a:

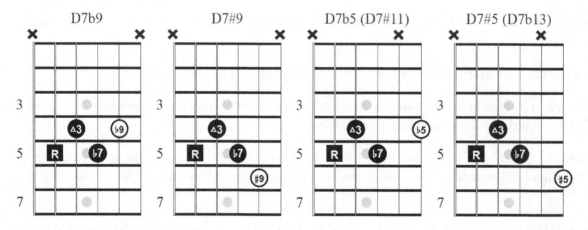

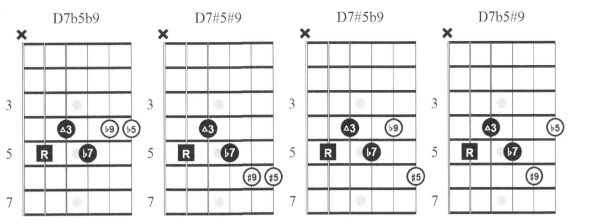

Lo mismo sucede cuando se utiliza el voicing "shell" de séptima dominante con una fundamental en la 6ta cuerda:

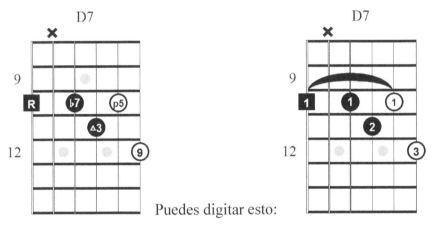

Puedes digitar esto:

Algunas de las extensiones alteradas en esta posición pueden ser un poco difíciles de alcanzar, por eso muy a menudo estos voicings se ejecutan sin la fundamental. Aquí hay algunas de las permutaciones de extensiones alteradas disponibles en esta posición.

Ejemplo 11b:

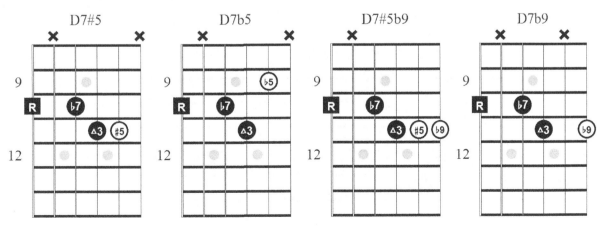

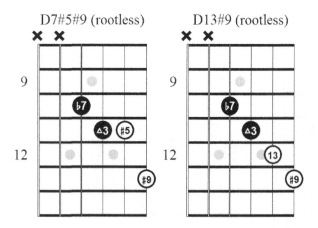

Estos enfoques también se pueden tomar con un acorde de séptima dominante con la fundamental en la 4ta cuerda, aunque en el voicing básico de posición fundamental que aprendimos anteriormente, debemos omitir la fundamental cuando se añade un #9 o b9.

El siguiente ejemplo utiliza un acorde G7 como base para las alteraciones.

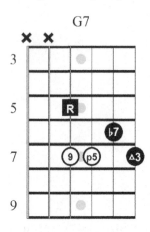

Las alteraciones más fáciles de añadir son #5 y b5, aunque a menudo la nota fundamental se elevará un semitono para crear un acorde 7b9 sin fundamental.

Ejemplo 11c:

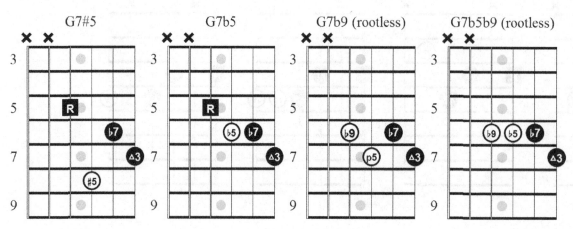

Muy a menudo en las tablas de acordes de jazz simplemente vas a ver el símbolo "alt". Por ejemplo "D7alt". Esto significa que el compositor no ha especificado una extensión alterada particular para un acorde de séptima dominante, entonces puedes utilizar cualquiera que sientas que funciona mejor con la música.

También es importante saber que sólo porque una tabla de acordes diga "7", esto no significa que el acorde debe ser tocado como un acorde de séptima "estricto". Si el acorde dominante es *estático* (no se mueve), normalmente está bien añadir tantas extensiones naturales como desees. Por ejemplo, cuatro compases de D7 se podrían tocar de esta manera:

Ejemplo 11d:

Si un acorde de séptima dominante es *funcional* (resuelve hacia otro acorde), entonces un acorde "7" básico normalmente puede ser sustituido por cualquier acorde dominante con una extensión natural *o* alteración cromática.

Una progresión de acordes como esta:

Ejemplo 11e:

se podría tocar en cualquiera o más de las siguientes maneras:

Ejemplo 11f:

Ejemplo 11g:

Ejemplo 11h:

Am7   D9   GMaj7   E7b5#9

Prueba tocando los siguientes ejemplos a partir de diferentes notas fundamentales, y sustituye cualquier extensión diatónica o cromática que quieras por los acordes dominantes que ya has aprendido.

1)

Dm7   G7   CMaj7   Dbm7b5

2)

Cm7   Em7b5   BbMaj7   G7

3)

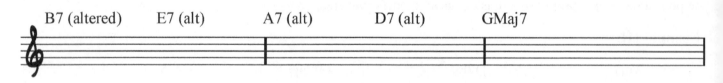

B7 (altered)   E7 (alt)   A7 (alt)   D7 (alt)   GMaj7

Podemos usar el mismo enfoque al añadir alteraciones cromáticas a los acordes de 7ma mayor, 7ma menor y m7b5, el secreto es simplemente saber dónde están las alteraciones en el diapasón.

Capítulo 12: Cómo practicar

En esta sección, comparto mis técnicas favoritas para aprender y dominar nuevos acordes. He enseñado estos métodos durante años y los he desglosado paso a paso para ti.

Aprender nuevos acordes abiertos.

El siguiente conjunto de pasos está diseñado para ayudarte a construir rápidamente la memoria muscular que necesitas para memorizar, recordar y tocar cualquier acorde abierto nuevo.

1) ¡Lee el diagrama del acorde con cuidado! Asegúrate de estar usando los dedos correctos en cada nota.

2) Coloca las puntas de los dedos sobre las notas correctas y rasguea la guitarra una vez. No te preocupes demasiado por el sonido por ahora. No te preocupes demasiado por darle a las cuerdas correctas con la púa.

3) Retira tu mano del diapasón. ¡Quítala! Toca tu pierna con las yemas de los dedos.

4) Coloca de nuevo la mano del diapasón y toca el acorde correctamente. Rasguea la guitarra. No te preocupes por el sonido.

5) Retira tu mano nuevamente, ponla lejos de la guitarra. ¡Toca tu pierna otra vez!

6) Coloca de nuevo tu mano en el acorde, y esta vez puntea las cuerdas correctas una a una. Observa si hay algún zumbido o nota silenciada e intenta ajustar la posición de tu mano o del pulgar hasta que puedas puntear todas las notas y suenen limpias. Es posible que aún haya pequeños zumbidos en esta etapa, especialmente si eres un total principiante. ¡No te preocupes! A medida que tu mano se fortalezca, estos zumbidos irán desapareciendo.

7) Levanta ligeramente la mano del diapasón de la guitarra y vuelve a colocar el acorde. No necesitas rasguear esta vez. Retira y vuelve a colocar el acorde.

8) Retira y vuelve a colocar el acorde.

9) Repite los pasos 7 y 8.

10) Ahora intenta rasguear el acorde y mira si hay zumbidos.

11) Si este es uno de los primeros acordes que estás aprendiendo, entonces tómate un descanso. Levántate, camina y toma una bebida.

12) Siéntate nuevamente y repite los pasos 1 - 11.

13) Finalmente, vuelve a colocar el acorde en el diapasón y rasguea las cuerdas. Escucha. Retira, vuelve a colocar y rasguea el acorde. Escucha. Haz esto unas diez veces. Si conoces algunos otros acordes, pasa al siguiente conjunto de pasos inmediatamente. Si aún no sabes otros acordes, repite los pasos anteriores con un acorde nuevo. Los primeros cuatro acordes que sugiero que aprendas son Em, Am, C mayor, y luego F mayor 7.

Una vez que tengas algunos (dos o más) acordes en tu haber, lo mejor que puedes hacer es conectarlos. Nuestros cerebros funcionan bien al aprender información y movimientos en contexto. ¿Quieres una prueba? ¿Qué es más fácil de memorizar; las palabras "Codorniz, limón, 78.4, Delhi" o la frase "La codorniz estaba bebiendo limón en el calor de 78.4 grados en Delhi"?

La mayoría de las personas diría que la segunda oración es más fácil de memorizar porque pueden formar fácilmente una imagen en sus mentes uniendo las palabras. Todo lo que hicimos fue agregar algo de contexto útil.

Cuando aprendemos acordes individualmente, solo estamos creando una lista de palabras aleatorias. Cuando conectamos los acordes, aprendemos los sonidos y movimientos en contexto, entonces nuestros cerebros los absorben mucho más rápido.

Antes de comenzar, busca un metrónomo. Es realmente importante que agregues un elemento de control de tiempo e incluso un poco de "presión" para que te muevas más rápido. En la música, el ritmo siempre es el rey. Tu audiencia siempre notará un mal ritmo antes de notar una mala nota, por eso vale la pena tocar con buen tiempo desde el primer día.

Recomiendo estos metrónomos:

Metrotimer para iPhone

Mobile Metronome para Android.

Ambos ofrecen versiones gratuitas, y es genial finalmente poder hacer algo útil con un teléfono celular.

Usaré los acordes Em y Am en este ejemplo, pero puedes elegir los dos acordes que quieras. La mejor forma es combinar el nuevo acorde que estás tratando de aprender con un acorde simple que ya conozcas.

Aprender acordes en contexto

1) Completa los pasos 1 - 13 del método *Aprender nuevos acordes abiertos* para cada uno de los acordes que quieres aprender.

2) Ajusta tu metrónomo en 60 pulsos por minuto (60 bpm).

3) Da golpecitos con tu pie y cuenta "1, 2, 3, 4, 1, 2, 3, 4" al tiempo con el clic.

4) En un "1" rasguea un Em. ¡No sostengas el acorde! Inmediatamente empieza a moverte al próximo acorde de la secuencia (en este caso, Am). Tu objetivo es llegar allí antes del próximo "1", por lo que tienes cuatro tiempos para organizar tus dedos. Si llegas antes de tiempo, solo espera.

5) En el próximo "1" rasguea el Am.

Ejemplo 12a:

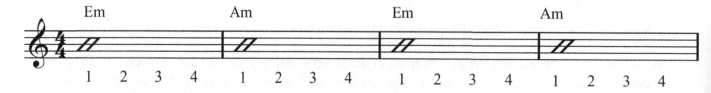

6) Si no lo lograste, inténtalo de nuevo. Si aún es difícil, deja ocho tiempos para llegar a Am.

7) Tan pronto rasguees el Am, comienza a moverte de nuevo al Em para que puedas tocarlo en el siguiente "1". No necesitas dejar que los acordes sigan sonando. ¡Solo sigue en movimiento!

8) Si llegas antes de tiempo a Em, espera y toca el acorde en el próximo "1".

9) No te preocupes por el sonido del acorde, las cuerdas apagadas, los zumbidos, etc. Esto mejorará con el tiempo. Lo único que te importa es llegar al próximo acorde en el siguiente "1".

10) Cuando comiences a mejorar, repite los pasos 4 - 8, ¡pero *continúa moviéndote*! Rasguea la guitarra en el "1" y toca lo que sea que hayas logrado formar en la mano del diapasón. Puede sonar terrible, pero eso no es importante en este momento. Tan pronto hayas tocado un acorde en el tiempo uno, inmediatamente comienzas a moverte al siguiente acorde.

11) Toma un descanso por dos minutos.

12) Repite el paso 10. Si estás empezando a tener la idea, aumenta la velocidad del metrónomo en 8bpm. Repite.

13) A medida que mejores, aumenta gradualmente la velocidad del metrónomo en aproximadamente 8bpm hasta que llegues a alrededor de 120 bpm. Continúa tocando un rasgueo hacia abajo en cada acorde en el tiempo 1.

14) Cuando llegues a 120, detente, date una felicitación y vuelve a ajustar el metrónomo a 60bpm. Repite todos los pasos anteriores, pero ahora permite que cada acorde dure solo dos tiempos. Esto se *sentirá* diferente, pero estás tocando a la misma velocidad que antes. Dos rasgueos por compás a 60 bpm = un rasgueo a 120 bpm.

Ahora deberías estar tocando Em en los tiempos 1 y 3 y luego Am en los tiempos 1 y 3. De nuevo, si esto es demasiado difícil, reduce ligeramente la velocidad del metrónomo. Como siempre, no te preocupes demasiado por el sonido de los acordes, el objetivo es estar en el lugar correcto en el momento correcto.

Ejemplo 12b:

16) Una vez más, aumenta gradualmente la velocidad del metrónomo, pero esta vez de a 4bpm hasta llegar a 120bpm, o donde sea que simplemente no puedas seguir.

Repite el proceso anterior pero ahora toca cuatro rasgueos en cada acorde. Está bien si disminuyes la velocidad para esto pero mantienes el metrónomo corriendo.

Ejemplo 12c:

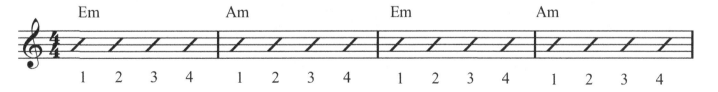

17) Incluye algunos ritmos usando el método del siguiente capítulo. Asegúrate de que el ritmo que elijas tenga una negra en el tiempo cuatro para que tengas tiempo de cambiar entre los acordes.

El proceso anterior puede usarse para aprender y también incorporar cualquier acorde nuevo a tu vocabulario. No te preocupes demasiado por la forma en que suena cada acorde; la idea es construir primero una memoria muscular sólida y luego perfeccionar el movimiento un poco más adelante una vez que puedas digitar el acorde con confianza.

¿Quieres un libro gratis? Califica este libro rápidamente **dando clic aquí** y obtén gratis un libro de guitarra que elijas.

Capítulo 13: Agregando el ritmo

La siguiente sección está tomada de mi libro, Lecciones de guitarra para principiantes: La guía esencial

Siempre le aclaro a mis alumnos privados que no soy un profesor "teórico". Prefiero ponerme manos a la obra y lograr que hagan música lo antes posible. La única excepción a esto es en la forma en que enseño ritmo y rasgueo.

Tu mano de rasgueo (normalmente la derecha si eres diestro) solo tiene dos direcciones útiles para tocar las cuerdas; *arriba* y *abajo*. Cuando entiendes por qué ciertos rasgueos son *arriba* y otros son *abajo*, construyes una seguridad fundamental con el ritmo. De hecho, si practicas el siguiente método, dentro de un tiempo no tendrás que volver a preguntarte cómo tocar un ritmo. Simplemente lo escucharás y lo reproducirás al instante e inconscientemente.

Cuando hablamos de ritmo en la música, lo que hacemos básicamente es dividir una canción en pequeños fragmentos. Esa canción puede ser una pista de 3 minutos de los Beatles o una sinfonía de Rachmaninov de 17 minutos. De cualquier manera, siempre organizamos los fragmentos de ritmo de la misma manera.

Es posible que hayas escuchado las palabras *compases* y *tiempos* antes. Un tiempo es un pulso de una canción: la distancia desde un clic al siguiente en tu metrónomo. Piensa que un tiempo es como una palabra de una sola sílaba.

Un tiempo de una pieza musical se ve así:

Esta nota se denomina "**negra**" y su valor es ¼, por lo cual se pueden incluir cuatro de ellas en un compás, es decir, cuatro negras = 1 compás.

Un compás es un *contenedor* para los tiempos, y en esta etapa, normalmente tendremos cuatro tiempos en cada compás. Un compás de música vacío se ve así:

El 4/4 al comienzo nos dice que hay 4 tiempos en el compás.

Si llenamos el compás con negras, se ve así:

Esto es bastante preámbulo para llegar a una regla muy simple:

Cada vez que veas una ♩, toca un rasgueo hacia abajo.

Los rasgueos hacia abajo siempre se tocan sobre el tiempo, por lo que si cuentas 1, 2, 3, 4 como en los capítulos anteriores, cada vez que dices un número, rasgueas hacia abajo en la guitarra.

Mira y escucha el **Ejemplo 13a:**

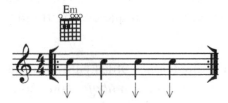

Ajusta tu metrónomo para que toque 60 pulsaciones por minuto, luego toca un rasgueo hacia abajo en cada clic mientras mantienes el acorde E menor.

Intenta la misma idea con A menor:

Ejemplo 13b:

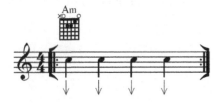

Si bien este es un excelente método para desarrollar un ritmo sólido, la música sería extremadamente aburrida si todos los ritmos fueran así.

Una forma de hacerla más interesante es duplicar cada negra (1/4). En otras palabras, imagina que divides cada negra por la mitad. Esto nos da 8 notas en el compás, y estas se llaman *corcheas* y su valor es *1/8*.

Por sí sola, una corchea se ve así:

Pero cuando las ponemos juntas, unimos sus colas:

En otras palabras, en la música, en lugar de ver dos corcheas escritas así:

♪ ♪, siempre las verás escritas así: ♫.

Puedes ver que dos corcheas toman la misma cantidad de tiempo al tocar que una negra. Asi que

toma la misma cantidad de tiempo al tocar que

Aquí terminan las matemáticas; ¡Lo prometo!

Como puedes ver en el ejemplo anterior, cuando tocas corcheas, nuestro rasgueo hacia abajo sigue exactamente en el mismo lugar. Todo lo que tenemos que hacer es meter un rasgueo hacia arriba entre cada uno. Este rasgueo hacia arriba debe estar *exactamente* en la mitad de los rasgueos hacia abajo.

En el papel se ve así:

Ejemplo 13c:

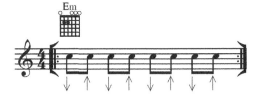

Ajusta tu metrónomo a 60 pulsaciones por minuto y comienza tocando solo un rasgueo hacia abajo en cada clic. Cuando estés listo, agrega rasgueos hacia arriba justo en medio entre los rasgueos hacia abajo. Cuenta en voz alta "1 y 2 y 3 y 4 y", etc.

Escucha el ejemplo de audio para ayudarte.

Intenta la misma idea con otros acordes como el D mayor, que se muestra a continuación.

Ejemplo 13d:

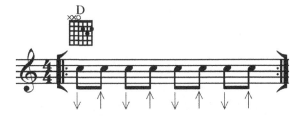

Si bien hemos agregado interés a nuestra interpretación al agregar más rasgueos, la música sería muy repetitiva si este fuera el único ritmo que tocamos. Para hacerla aún más interesante, aprendamos a combinar negras y corcheas para agregar variedad.

Mira el **Ejemplo 13e:**

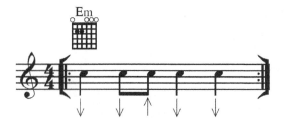

El **tiempo 1** es un rasgueo hacia abajo, el **tiempo 2** es un "abajo-arriba", el **tiempo 3** es un rasgueo hacia abajo, al igual que el **tiempo 4**.

Antes de tocar, ajusta el metrónomo en 60 bpm y di en voz alta:

Uno. Dos y tres. Cuatro. Abajo. Abajo-arriba abajo. Abajo.

Dilo a tiempo, con ritmo y con confianza. Decir el ritmo en voz alta realmente le ayuda a tu cerebro a procesar lo que tienes que hacer para rasguear el ritmo con el tiempo correcto.

Cuando estés listo, rasguea el ritmo con confianza. No te preocupes por los zumbidos en tu mano del diapasón. Ingnóralos; solo nos estamos enfocando en rasguear.

Cuando estés contento con lo anterior, prueba la siguiente idea.

Ejemplo 13f:

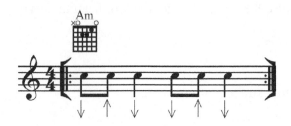

Di en voz alta "*Uno y dos. Tres y cuatro. Abajo arriba abajo. Abajo arriba abajo*".

En cualquier ritmo que toques en la guitarra, la mano que rasguea nunca deja de moverse. Se mueve constantemente hacia arriba y hacia abajo con el ritmo. Los movimientos hacia abajo son sobre los tiempos, los movimientos hacia arriba son entre los tiempos. Esto te mantiene en el tiempo correcto; como un pequeño director de orquesta incorporado. Para crear ritmos, todo lo que hacemos es a veces tocar las cuerdas y, a veces omitirlas.

Aquí hay algunos otros ritmos para practicar:

Ejemplo 13g:

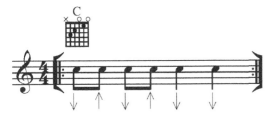

Abajo-arriba Abajo-arriba Abajo. Abajo.

Ejemplo 13h:

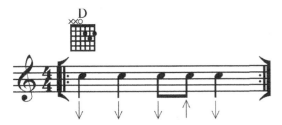

Abajo. Abajo. Abajo-ariba Abajo.

Con cada ritmo, recuerda mantener tu mano que rasguea en movimiento hacia abajo y hacia arriba todo el tiempo. Para tocar una negra, simplemente no ataques la guitarra en el rasgueo hacia arriba.

Más ritmos interesantes

La manera más simple y más común para agregarle energía a tu ritmo es no rasgueando algunos tiempos hacia abajo. Para enseñarte esta idea, tenemos que introducir un nuevo símbolo musical. Es un silencio de corchea y se ve así: ⌐

Este símbolo indica un *silencio* o simplemente "no rasguear". Siempre se verá en combinación con una corchea rasgueada para que juntas sumen **un tiempo**, así: ⌐♪

Antes, cuando tocamos el ritmo ♫, el patrón de rasgueo era **Abajo Arriba**. Con el ritmo ⌐♪, *omitimos el rasgueo hacia abajo* pero aún tocamos el rasgueo hacia arriba.

Para hacerlo más fácil, siempre sigue moviendo la mano de rasgueo como si fueras a tocar el rasgueo hacia abajo, pero simplemente *omite las cuerdas*. Esto te mantendrá en el tiempo correcto.

En otras palabras, la mano que rasguea sube y baja constantemente, pero *no hace contacto* con las cuerdas en el rasgueo hacia abajo. Esto se muestra en la notación a continuación con los corchetes alrededor de la flecha.

Para practicar esta idea, estudia lo siguiente.

Ejemplo 13i:

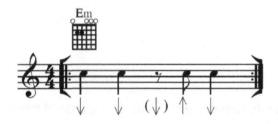

Cuenta en voz alta: "Abajo. Abajo. Omite Arriba Abajo".

Luego, intenta manener pulsado un acorde de E menor mientras rasgueas este ritmo. Recuerda mantener la mano de rasgueo moviéndose todo el tiempo, omite las cuerdas en el rasgueo hacia abajo del **tiempo 3** pero haz contacto en el rasgueo hacia arriba del **tiempo "3 y"**.

Esto es complicado al principio, pero es supremamente importante.

Cuando tengas esta idea bajo control, prueba con el siguiente ritmo:

Ejemplo 13j:

Abajo. Abajo Arriba Omite Arriba Abajo.

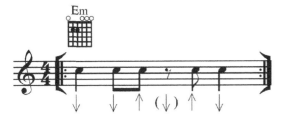

Finalmente, rasguea esto:

Ejemplo 13k:

Abajo. Omite Arriba Omite Arriba Abajo.

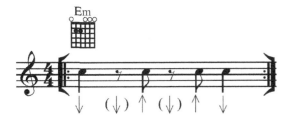

Cuando te sientas cómodo con la idea de omitir un rasgueo hacia abajo, transfiere estos ritmos a algunos de los cambios de acordes de los primeros capítulos. No es necesario dificultar las tareas para ambas manos al mismo tiempo.

Prueba lo siguiente a 60 pulsos por minuto.

Ejemplo 3l:

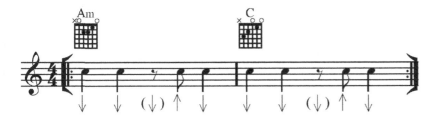

Aquí hay un ejemplo más para estimular tu imaginación. Dedica todo el tiempo que puedas mezclando y combinando cambios de acordes y ritmos.

Ejemplo 13m:

Abajo Arriba Omite Arriba Omite Arriba Abajo.

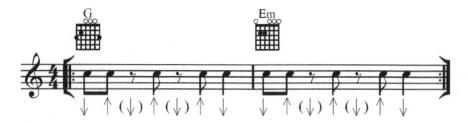

Ahora intenta inventar algunos de tus propios ritmos y aplícalos a cambios de acordes simples.

Conclusión e instrucciones para la práctica

Hay una enorme cantidad de información en este libro, y probablemente te sientas tentado a intentar memorizarlo todo a la vez. Te recomiendo que no lo hagas, y te sugiero que intentes aprender uno o dos acordes al día (o incluso a la semana). Dedica la mayor parte de tu tiempo de práctica a explorar y usar estos acordes y voicings.

Recuerda, el contexto lo es todo. No tiene sentido aprender una larga lista de información si nunca vas a averiguar cuándo tocarla o qué efecto tiene en la música. Aunque los acordes se pueden sustituir fácilmente (un dominante 9 por un dominante 7, por ejemplo), el efecto causado por estos pequeños cambios puede ser bastante dramático.

En teoría, los acordes "6" funcionan exactamente de la misma manera que los acordes mayores normales, pero realmente querrás saber qué le hará esa sustitución a la canción. La experimentación es la clave (y ensayar con tu banda también), porque lo último que necesitan es escuchar una nota "extraña" mientras están tocando. A veces los riesgos son buenos, ¡pero normalmente es mejor probar estas ideas con tu banda *antes* de subirte al escenario!

Mi mejor consejo es que no hay prisa para aprender todo, especialmente la información de los capítulos diez y once. Esas ideas realmente son bastante avanzadas y solo las he incluido aquí para que el libro sea completo y para darte una comprensión más profunda de cómo funciona la teoría de acordes.

Si estás interesado en saber cómo es mi primera lección de guitarra para el principiante promedio, en una hora normalmente habría esperado cubrir cinco o seis acordes (Em, Am, C Mayor, F Mayor7, D Mayor y G Mayor), enseñarles los pasos del Capítulo 12 y enseñarles a tocar los primeros ritmos básicos del Capítulo 13.

El trabajo real, sin embargo, comienza una vez que llegan a casa.

Insisto en que mis alumnos practiquen durante un mínimo de 20 minutos al día, idealmente 20 minutos dos veces al día porque la repetición física es importante para desarrollar la memoria muscular. La tarea que les doy es practicar los pasos de los Capítulos 12 y 13.

Si el alumno practica todos los días, normalmente vuelve a mí la semana siguiente para obtener más acordes, algunas canciones y algunos ritmos más para trabajar.

A menudo, mis alumnos desarrollan un dominio sin esfuerzo de los acordes de los Capítulos 1 y 2 después de aproximadamente cuatro semanas.

Si han practicado bien, la mejora continua en su habilidad es exponencial porque han cubierto los conceptos básicos muy a fondo. En este punto, puedo escribir casi cualquier acorde nuevo y lo captarán rápidamente. El trabajo de memoria muscular ha dado sus frutos en esta etapa, así que todo lo que necesito hacer para enseñarles una canción real es escribir la secuencia de acordes y el patrón de rasgueo (ritmo).

No hay un gran secreto para aprender a tocar un instrumento musical; es simplemente un asunto de comprometerse y practicar regularmente. La parte más difícil es hacer un cambio de estilo de vida para incluir tiempo de calidad para practicar con la guitarra.

Suma todo el tiempo que pasas en Facebook, Twitter, Instagram, jugando videojuegos, viendo videos de gatos en YouTube, etc. Reduce ese tiempo en 20 minutos y en cambio toca tu guitarra. Te lo prometo, es mucho más gratificante que preocuparse por lo que Kim y Kanye Kardashian están haciendo. Tu alma te lo agradecerá

Si necesitas más ayuda con el aprendizaje de la guitarra, hay muchos recursos buenos por ahí.

JustinGuitar es un recurso increíble tanto para principiantes como para los que ya tienen algo de experiencia. Él tiene una lección para casi cualquier canción que te interese aprender, y su estilo paciente y optimista es un placer para aprender.

Los acordes son un tema enorme y los cubro en gran detalle en *Acordes de guitarra en contexto*. En este libro aprenderás mucho más sobre voicings y cómo usar acordes para desbloquear el potencial del diapasón. Se ofrecen tres voicings de cada tipo de acorde y aprenderás todo sobre cómo se crean, usan y aplican los acordes.

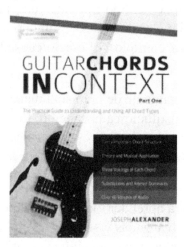

Realmente espero que disfrutes tu viaje como guitarrista.

¡Diviértete y sigue rockeando!

Joseph

¡Obtén un libro gratis!

Si has disfrutado este libro, por favor tómate un momento para escribir una opinión en Amazon.

Si nos envías un correo electrónico a webcontact@fundamental-changes.com **con un enlace a tu opinión te enviaremos gratis el libro que elijas de la siguiente lista:**

25 licks de la escala de blues para guitarra de blues

25 licks de mayor pentatónica para guitarra de blues

25 licks de ii V I mayor para guitarra de jazz

o

Voicings drop 2 para jazz y guitarra moderna

¡Solo dinos cuál quieres!

Otros de los libros de guitarra más vendidos de Fundamental Changes

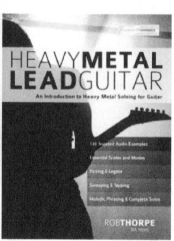

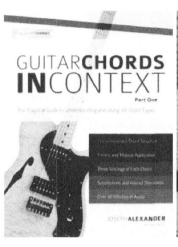

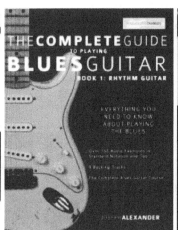

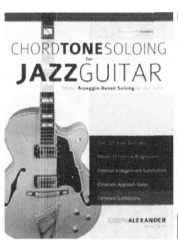

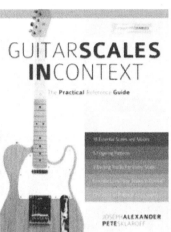

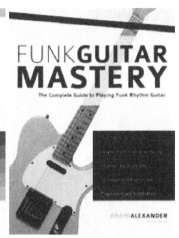

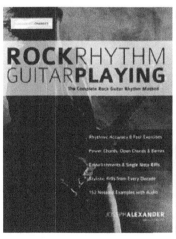

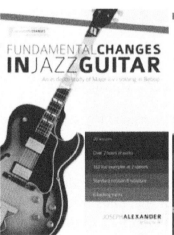

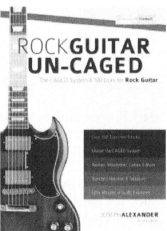

Cada libro incluye:

- Más de 100 páginas de enseñanza experta y profesional

- Alrededor de 150 ejemplos en notación estándar y en tablatura

- Descargas de audio complementarias que puedes obtener gratis en **www.fundamental-changes.com**

www.fundamental-changes.com también incluye más de **250 lecciones de guitarra gratuitas**, muchas de las cuales tienen video en alta definición. Allí añadimos lecciones nuevas todo el tiempo así que revisa frecuentemente para mejorar tus habilidades en la guitarra de forma gratuita.

Que te diviertas,

Joseph

Made in the USA
Las Vegas, NV
08 December 2023

82336004R00050